Mehrézia Labidi-Maïza
Laurent Klein

Abraham, réveille-toi ils sont devenus fous !

LES EDITIONS DE L'ATELIER

Les Editions Ouvrières
12 avenue Sœur Rosalie
75013 Paris

À tous les jeunes qui fréquentent nos écoles, enfants de Marianne, enfants d'Abraham, enfants d'autres horizons, qui construiront ensemble le monde à venir.

Ce soir, les enfants d'Ismaël, fils de Hagar
Et les enfants d'Isaac, fils de Sarah
S'interpellent les uns les autres :
Nous aussi sommes les enfants d'Abraham !
Nous sommes cousins, vous et nous !
Comme Isaac et Ismaël se sont rencontrés à Be'er la-Haï Ro'i,
Le puits du Vivant-qui-voit,
Il est temps pour nous de nous rencontrer,
Temps de nous regarder en face,
Temps de faire la paix l'un avec l'autre.

Rabbi Arthur Waskow,
« *Le chapitre de la Torah de la semaine* »,
sur le site internet *Parachate ha-Chavou"a*
(www.ariga.com/pluralism/waskowpessah98.htm)

Les références bibliques utilisées sont issues d'une traduction menée sous la direction du Grand-Rabbin Zadoc Kahn (fin XIXe siècle), Édition librairie Colbo, Paris, 1967.

Les références du Coran sont issues de la traduction française de Sadok Mazigh, Afif Kchouk, Latifa Gaïdi, La Maison tunisienne de l'édition, 1995.

Abraham, réveille-toi
ils sont devenus fous !

Imprimé en France *Printed in France*

ISBN 2-7082-3769-1

Préface

Notre pays connaît depuis quelques années des tensions intercommunautaires qui bouleversent le quotidien dans les familles, dans les cités, dans la rue. L'école, qui accueille tous les élèves sans distinction, est touchée par des événements auxquels elle doit apprendre à faire face : agressions verbales, violences physiques, refus de certains enseignements, expressions identitaires et religieuses dérangeantes dans le cadre de l'école laïque.

Le débat sur ces questions n'est pas nouveau, mais il est de plus en plus vif. Des intellectuels et des représentants officiels des communautés juive et musulmane ou du gouvernement ont pris et continuent à prendre la parole sur ces thèmes. À notre tour, en qualité de citoyens concernés par la mission de l'école et interpellés par la dégradation des relations entre nos communautés respectives, nous tenons à nous exprimer.

L'écueil à éviter est de retomber dans une position de défense ou d'accusation. Conscients de la complexité de la réalité, nous avons choisi de l'aborder à travers une fiction, non pour la fuir, mais pour mieux y exprimer ce qui nous tient à cœur et permettre au lecteur d'y entrer par divers biais.

Juliette, jeune enseignante, subit une violente confrontation entre deux élèves et choisit d'y répondre par un travail mené sur quatre séances avec la participation de deux intervenants extérieurs, Aziza et Raphaël. Le thème commun à ces rencontres est celui-là même qui est à l'origine de l'altercation : Abraham, ancêtre commun des Juifs et des musulmans, père spirituel des trois monothéismes. Ainsi, les thèmes de la croyance, de la place de l'Homme, de la famille, de la société sont abordés à la lumière des références religieuses et culturelles liées à l'histoire d'Abraham.

Ce livre se nourrit de la réalité et des expériences vécues par des professeurs et des élèves. Il permet de prendre conscience des préjugés et des souffrances liés au conflit du Moyen-Orient. Il nous donne l'occasion de défricher des chemins de rencontre, de montrer qu'il est possible, sans perdre son identité, d'écouter l'autre et d'être touché par ses peurs, ses convictions, ses solidarités, ses espoirs.

L'ouvrage se termine par un débat entre les adultes qui ont essayé ensemble de déjouer le conflit et de le transformer en un travail constructif. Ils peuvent alors mettre le doigt sur les sujets les plus délicats qui bloquent le dialogue entre Juifs et musulmans.

Les auteurs

Où Juliette découvre sa classe de 6^e

Je ne me doutais pas combien était justifiée la petite appréhension ressentie le jour de ma première prérentrée comme professeure d'histoire, de géographie et d'éducation civique au collège *Léonard de Vinci*. Après le discours de bienvenue de monsieur Durieux, le Principal, et la distribution des emplois du temps, il restait quelques postes de professeur principal à attribuer. Je me suis alors portée volontaire pour le principalat d'une classe de 6e ; je pensais que cette responsabilité serait un supplément indispensable à mon expérience d'enseignante en Zone d'Éducation Prioritaire. Les événements de l'année l'ont confirmé…

Le lendemain, jour de rentrée, la réaction de certains élèves, hilares devant ma vieille Fiat, m'a fait craindre le pire. Mon appréhension s'est confirmée. Au cours des premières semaines, les élèves de 6e ne sont pas encore assez autonomes, je dois sans cesse leur rappeler qu'ils doivent apprendre leurs leçons, relire leur manuel à la maison, je dois les aider à organiser leur classeur, à dessiner les cartes. Les plus studieux mis à part, la majorité des élèves ne semble pas considérer l'histoire et la géographie comme des matières importantes. Petit à petit cependant l'intérêt naît, sauf chez les irréductibles, qui ne sont d'ailleurs pas moins intelligents que les autres ; ils veulent juste imiter les plus âgés en s'opposant au professeur. C'est l'explication que m'a donnée Slimane quand je l'ai invité une fois de plus à prendre exemple sur Noémie, dont le classeur est si bien tenu :

– Mais madame, c'n'est pas pareil. Nous, on est des rebelles !

Bien que je n'aie rien laissé paraître, sa réponse m'a déstabilisée : que se cache-t-il derrière ce nous ? Comment faire pour asseoir mon autorité parmi les élèves qui font bloc contre moi ? J'étais troublée ! Heureusement, le soutien de quelques enseignants, les discussions – parfois passionnées – en salle des professeurs et l'ambiance générale du collège sont un soutien précieux.

Au mois d'octobre j'ai commencé à distinguer les deux groupes qui se détachaient dans « ma » classe de 6e. Après avoir étudié la civilisation égyptienne, j'ai abordé la leçon sur les Hébreux. Je pensais lui donner une certaine importance, car le sujet est lié à des thèmes d'actualité internationale intéressants pour les élèves, mais j'ai vite réalisé que mon projet risquait de déraper, ce thème faisant apparaître au grand jour l'antagonisme existant entre les deux groupes, ou plutôt entre leurs « leaders ».

Ces deux-là, je les avais pourtant remarqués : Sami et Samy. Leurs prénoms semblables ne font qu'accentuer leur opposition permanente et cette similarité les agace profondément. D'un côté, Sami, cheveux bruns frisés, de grands yeux verts bordés de longs cils, une forte personnalité qui revendique haut et fort son appartenance à l'islam. Son niveau scolaire pourrait être bon, mais il ne montre qu'indifférence au contenu du cours d'histoire. Lorsqu'il est interrogé, il répond nonchalamment par : *J'sais pas*. Parfois il cherche à provoquer, disant : *Vous savez m'dame, moi j'suis arabe, ça m'concerne pas* ; d'autres fois, pour faire rire la classe, il cherche à couper la parole des profs par un : *C'est même pas vrai !* J'ai du mal à l'intéresser au cours, mais j'arrive à le contrôler. De l'autre côté, Samuel, dit Samy, un grand garçon aux cheveux noirs et au beau regard bleu malicieux. Il s'est absenté le jour du Grand Pardon « *pour raison de fête religieuse juive* », comme l'avaient écrit ses parents dans le carnet de liaison. Plus réservé, il intervient peu et suit les cours sans se faire remarquer ; il se contente de notes juste au-dessus de la moyenne.

C'est la rivalité entre les deux garçons qui entraîne un clivage plus ou moins perceptible dans la classe. La plupart du temps, cela reste bon enfant et les élèves échangent des blagues, juste pour rire, comme tous les jeunes. Mais parfois, les deux groupes s'affrontent plus violemment, cependant toujours dans les limites du supportable. De leur côté, les élèves de la classe se partagent en plusieurs tendances : les partisans de Sami, comme Slimane et Fatoumata, se recrutent essentiellement parmi les garçons musulmans, Maghrébins ou Africains. Ceux de Samy, tel Pablo ou Noémie, moins nombreux, sont surtout ses anciens camarades d'école avec lesquels il participe à des activités en dehors du collège. D'autres élèves, comme Naïma et Martin, ont leur propre opinion et se sentent déjà lassés par les conflits latents et incessants entre leurs camarades. Enfin, les indifférents, comme Marie, restée très enfant : elle ne saisit pas les enjeux du conflit entre les deux garçons.

Ce jour-là, leur querelle a électrisé la classe. J'ai vite fait le lien avec l'incident du début de semaine : le conseiller d'éducation avait intercepté des baladeurs, que testait un groupe d'élèves de 6e. Ce trafic était orchestré par des élèves de 3e qui revendaient la marchandise à l'intérieur du collège. La question s'est alors posée de savoir qui avait vendu la mèche. Deux groupes se sont formés dans la classe : ceux qui pensaient que c'était Samy, ceux qui pensaient que c'était Sami. Très vite, les insultes ont fusé : l'Arabe voleur, le Juif arnaqueur, l'Arabe qui trahit, le Juif qui « a de la marque ». Puis le conflit israélo-palestinien a été mêlé à l'affaire : le bourreau qui tire sur les enfants, le terroriste lâche. Sans parler des provocations physiques, des gestes grossiers ou menaçants, des coups de coude donnés en douce. Mais pourquoi avoir persisté à aborder la leçon sur *Les peuples de la Bible* ? Je ne sais pas…

J'avais préparé avec un soin particulier la leçon sur les Hébreux, consulté plusieurs ouvrages, recherché des documents sur Internet. J'avais même consulté une Bible ! Comme pour les cours précédents, je souhaitais que les élèves choisissent des sujets d'exposé. Avec un grand sourire, j'ai demandé d'ouvrir le livre d'histoire. Après avoir fait un tour de classe pour vérifier que tout le monde avait bien trouvé la bonne page, je leur ai demandé d'observer la carte et leur ai posé la question suivante : Qui peut nous dire de quelle région du monde il s'agit ?

Marine, une élève gentille et studieuse, lève le doigt : C'est vers l'Irak, l'Arabie et la Méditerranée.

Je l'encourage : Très bien. Quel nom est donné à l'ensemble de la région ?

– Le croissant Fertile, répond Martin, un petit blond au regard pétillant.

Je cherche à les entraîner plus loin : Oui, Martin. L'un d'entre vous sait-il comment se nomme cette région actuellement ?

– Le Moyen-Orient, m'indique Slimane, un jeune sportif aux tenues impeccables.

Je confirme : C'est exact. La carte représente le Moyen-Orient vers l'an 1850 avant notre ère. Cela fait combien de temps par rapport à notre époque ?

– Ben… 3850 ans, me répond Julien, le crac en maths de la classe. C'était le XIXe siècle avant Jésus-Christ.

Je le félicite : Bravo Julien. Il y a donc environ 40 siècles – bien sûr, nous n'avons pas de datation précise – apparaît le peuple hébreu. Il ne s'agit au départ que d'un petit groupe de nomades qui a quitté la Mésopotamie pour se rendre au pays de Canaan. C'est l'itinéraire qui est fléché en bleu sur la carte. Fatoumata, veux-tu nous lire la légende, s'il te plaît ?

Fatoumata, dont les jolies tresses ressemblent à de petites antennes, s'applique et lit de sa voix claire : *Itinéraire suivi par Abraham, d'après le texte biblique.*

Je précise un point : Comme je vous l'ai dit, nous n'avons pas de datation précise et nous ne connaissons ces événements que par le texte de la Bible. C'est dans ce livre qu'il est question d'Abraham, l'ancêtre des Hébreux.

Sami intervient, criant : C'est pas vrai m'dame, il est l'ancêtre des Arabes ! D'ailleurs, il s'appelle Ibrahim.

Samy lui répond sur le champ : Hé ! quoi ! Tu voles aussi les ancêtres maintenant !

Toute la classe éclate de rire.

Sami, fâché, réplique : Voleur toi-même ! Si seulement je te disais ce que je pense...

– Vas-y, si t'as du cran !

– Le voleur de pays, c'est bien toi et les tiens. Hitler lui, il savait y faire avec ta race.

Samy s'apprête alors à lui bondir dessus, mais Martin le retient et je m'interpose fermement. Les élèves sont tétanisés. Quel choc ! Je n'aurais jamais imaginé une telle situation.

Je dis alors à Sami sur un ton ferme : Ce que tu as dit là est totalement inadmissible.

– Mais madame, Samy l'a cherché, il a traité les Arabes, proteste Slimane.

– C'était pour rire, déclare Pablo. Mais Hitler, c'est trop. T'es vraiment dingue ou quoi ?

Naïma, à la personnalité déjà très indépendante s'exclame, choquée : Ça suffit, moi j'en ai ras le bol de vos insultes !

Les limites ont été dépassées et la classe semble imploser. Comment continuer mon cours face à cette violence ? J'espère que Sami et Samy n'ont pas compris la portée de leurs paroles, mais je suis réellement bouleversée. Il faut une sanction à la hauteur de la gravité de l'incident. Convocation des parents ? Exclusion de la classe ? Heures de colle ? Face à cette réalité qui fait brutalement irruption dans ma classe, je décide de ne pas baisser les bras. Si je le faisais, je ne pourrais pas continuer à enseigner et à me faire respecter. Je n'avais jamais senti auparavant la panique m'envahir à ce point !

Je termine la leçon en demandant aux élèves de noter sur leur cahier ce que je leur dicte, tout en réfléchissant aux suites que je vais donner à cet incident.

Après en avoir discuté avec Pierre, le conseiller principal d'éducation (CPE), j'opte pour trois heures de colle, occupées par un travail qui reste à définir. Le Principal et moi-même décidons de convoquer leurs parents au plus vite afin de leur relater ce qui s'est passé. Il faut également décider de la mesure disciplinaire à appliquer. Compte tenu de la différence de gravité de leurs propos, il apparaît évident que la sanction ne sera pas de même nature pour les deux jeunes.

Le lendemain, les parents des deux garçons se présentent au secrétariat à 8 heures. Ils se saluent, mais n'osent évoquer la raison de leur présence au collège. Dans son bureau, en présence des enfants et de moi-même, monsieur Durieux reprend les circonstances de l'incident. À l'énoncé des faits, les parents blêmissent.

Monsieur Haddad, le père de Samy, réagit le premier : Samy, mon fils, est-ce que nous t'avons appris à parler comme ça ? Monsieur le Principal, je vous jure, j'ai vécu toute ma vie avec des Arabes, que ce soit en Tunisie ou ici, et jamais il n'y a eu de bagarre entre nous, même à l'époque de la guerre des Six Jours, en 1967. N'est-ce pas, monsieur ? conclut-il en se tournant vers le père de Sami.

La réponse de monsieur Ben Hamida est empreinte d'émotion : Et moi, avec qui croyez-vous que je travaille depuis maintenant vingt ans que je suis en France ? Mais qu'est-ce qui arrive à nos enfants ? Où vont-ils chercher ces mots ? (*Puis, se tournant vers son fils, très en colère.*) Sais-tu seulement qui était Hitler, ce qu'il a fait ? Comment peux-tu dire des choses aussi horribles ?

À son tour, le Principal s'adresse aux enfants : Samy Haddad, tu mérites trois heures de colle parce que tu as fait de la provocation en classe. Quant à toi, Sami Ben Hamida, ce que tu as fait est plus grave ; non seulement tu as interrompu ta professeure sans demander la parole, tu as répondu à la provocation, mais tu as proféré des paroles inadmissibles. Par conséquent, en plus des trois heures de colle, tu auras un avertissement sur ton livret. J'espère que tu comprendras en grandissant. Et, s'il te plaît, ne répète plus à l'avenir sans réfléchir ce que tu entends à l'extérieur du collège. La prochaine fois, tu risques le conseil de discipline.

Les pères acquiescent et remercient le Principal. Ils m'adressent leurs excuses et m'assurent de leur soutien. En revanche, je sens de la désapprobation dans le silence et le regard que les mères lancent à monsieur Durieux et à moi-même. Elles semblent penser : *Ce n'est pas la faute de mon fils, il n'a fait que se défendre.*

Au moment de quitter le collège, monsieur Haddad et monsieur Ben Hamida se serrent la main. Madame Ben Hamida se rapproche de madame Haddad : Au revoir, madame, se disent-elles froidement. Et chacune embrasse son fils pour le réconforter, sous mon regard désapprobateur.

Je décide de parler des conséquences de cet incident à Pierre, qui travaille dans le collège depuis plusieurs années comme CPE. Il est aussi inquiet que moi, car l'ambiance générale risque de se dégrader très rapidement. Je suis persuadée qu'il faut autre chose qu'une sanction pour sortir de l'affrontement et permettre à chaque élève de trouver sa place, de s'exprimer de manière constructive. Mon idée est de les faire travailler sur Abraham, de remonter aux sources et de leur permettre ainsi de prendre conscience qu'ils possèdent une culture commune.

– L'antagonisme est profond, je n'y crois pas, me répond Pierre, fataliste.

Après de longues discussions sur la recherche d'une issue possible, il accepte cependant de m'épauler dans ce défi.

C'est ainsi qu'il se retrouve à surveiller Sami et Samy pendant leurs heures de colle. Lorsque les deux garçons arrivent, la tension est palpable. Incapables de se regarder, encore moins de se saluer, ils entrent dans le Centre de documentation et d'information du collège. La présence de Pierre semble les soulager.

Mais c'est l'incrédulité qui succède au soulagement lorsque ce dernier leur lit le sujet : *Que peut-on apprendre de la vie d'Abraham ? Rendre une copie commune.*

La réaction à cette lecture ne se fait pas attendre : *C'est du délire* ! ; *Pas question* !

Pierre leur dit de ne pas aggraver leur cas et de s'asseoir. Il désigne leurs places respectives : Sami à sa droite, Samy à sa gauche. Il voit bien qu'il est impossible d'obtenir d'eux qu'ils fassent un travail commun. Il leur demande de sortir une feuille et un stylo, d'écrire ce qu'ils savent sur le sujet. La copie reste blanche un long moment. Ils sont gênés, mais ne veulent pas avoir l'air ignorant.

Pierre sort alors quelques dictionnaires et une encyclopédie. Les garçons se sentent piégés. Comment échapper à ce travail ?

– Moi, je veux demander à mon père, il lit le Coran de La Mecque, s'exclame Sami.

– Et moi, alors, j'apporte la Torah ! rétorque aussitôt Samy.

En me rapportant cela, Pierre ajoute : Tu sais, Juliette, je n'y connais pas grand-chose. De mes leçons de catéchisme, je me souviens juste qu'Abraham, Père des croyants, était l'inventeur du monothéisme. Une recherche sur le monothéisme, voilà comment j'ai essayé de les mettre au travail. Je n'avais pas le choix car il m'était impossible d'obtenir d'eux ce que tu voulais leur demander.

Pour ne pas perdre la face, je leur ai suggéré d'ouvrir un dictionnaire et de chercher la définition du mot *monothéisme*. Ils ont bougonné, mais se sont mis au travail.

Au bout d'un moment, je leur ai demandé de lire à haute voix ce qu'ils avaient trouvé et d'écrire chacun leur tour, sur le tableau, les idées fortes qu'ils voulaient retenir. Ainsi, nous sommes arrivés à une définition commune. Il ne leur restait plus qu'à recopier ce texte sur la copie qu'ils devaient me remettre.

« La voici », me dit alors Pierre en me la tendant. J'en prends connaissance sur-le-champ :

Les religions dites monothéistes sont celles qui se basent sur une doctrine religieuse qui ne reconnaît l'existence que d'un seul Dieu, distinct du monde et transcendant. Cette doctrine s'oppose à celle dite polythéiste, qui admet l'existence de plusieurs divinités, et à celle dite panthéiste, qui identifie le monde à son créateur.

Les grandes religions monothéistes sont le judaïsme, le christianisme et l'islam, toutes trois révélées, et dont Abraham est considéré comme l'initiateur. À chacune de ces religions correspond un fondateur et un livre saint :

– Le judaïsme a été fondé par Moïse, qui a reçu la Torah vers l'an 1250 avant J.-C.

– Le christianisme a été fondé par Jésus-Christ, son livre saint est un recueil de quatre livres, les Évangiles.

– L'islam a été fondé par Mohammed, qui a reçu la révélation du Coran, le livre saint des musulmans, en l'an 622 après J.-C.

Moïse, Jésus et Mohammed sont considérés comme des descendants d'Abraham.

Il existe d'autres religions dites dérivées qui se considèrent comme monothéistes, parce qu'elles sont nées de la rencontre de deux religions. C'est le cas de la religion sikh, qui est une fusion de l'hindouisme (religion polythéiste) et de l'islam (religion monothéiste).

On compte actuellement dans le monde environ 15 millions de Juifs, 1,2 milliard de chrétiens et 1 milliard de musulmans.

Pierre reprend sa narration : Les fils ont du mal à se nouer. Ils n'ont réussi à produire un travail en commun que sous la contrainte car leur attention ne peut pas se porter sur autre chose que le conflit qui les oppose. Leur regard semblait dire : *Qu'avons-nous à faire de tout cela ?* Ils ne peuvent imaginer changer d'avis.

Je réalise la longueur du chemin à parcourir pour montrer à mes élèves que la haine et le mépris ne sont pas les seules relations envisageables entre Juifs et musulmans. Le travail sera long, mais indispensable. C'est par une rencontre avec des adultes que je voudrais leur montrer que le dialogue est possible.

Pierre me conseille d'en parler à Alexandre, un collègue professeur de lettres. Il connaît des personnes qui correspondent peut-être à ce que je cherche : Aziza, traductrice, déléguée de parents d'élèves, musulmane d'origine tunisienne et Raphaël, directeur d'école élémentaire, juif d'origine alsacienne, des connaissances déjà impliquées dans le dialogue interreligieux et qui connaissent bien le monde scolaire. Mais je ne veux pas transformer ma classe en cours d'instruction religieuse car l'école n'en est pas le lieu et, à vrai dire, le sujet ne me passionne pas. Je n'ai jamais fait bon ménage avec la religion.

Alexandre, à qui j'en parle, me met sur une voie : Tu vois bien que le sujet est d'actualité. Saisis cette occasion pour passer à certains élèves un autre message que celui qu'ils reçoivent dehors. C'est notre rôle, après tout.

Je reste perplexe : Tu sais que je me méfie de tout ce qui est en rapport avec la religion. Moi et les curés…

Alexandre, ironique comme à l'accoutumée, me répond : Ça tombe bien, ils ne sont pas très catholiques ! Tu dois être réaliste. Ne penses-tu pas que le facteur religieux est important dans les conflits qui opposent les élèves, notamment celui-là ?

Je reste méfiante (Alexandre a la réputation d'être parfois original dans ses initiatives) : Ce n'est pas le seul facteur. Les problèmes sociaux et l'absence d'éducation sont déterminants.

Mais il insiste, se montre persuasif : Ose, saute le pas et prends contact avec eux. Si vous vous mettez clairement d'accord sur les modalités de l'intervention, il ne devrait pas y avoir de soucis de prosélytisme. Je pense qu'Aziza et Raphaël sont conscients de la spécificité de leur rôle dans ce type de rencontre. Si tu as besoin d'un coup de main pour convaincre le Principal, je viendrai avec toi.

Après réflexion, je demande un entretien à monsieur Durieux. Il se montre intéressé par l'initiative, m'invitant cependant à faire preuve de fermeté dans ma demande. Je contacte alors Aziza et Raphaël. Après une longue discussion téléphonique et un échange de courriels sur le projet, je décide de me lancer dans l'aventure. La neutralité laïque sera respectée. Rendez-vous est pris pour la semaine suivante.

En classe, je reprends la définition des deux garçons et demande aux élèves de réfléchir à ce qu'ils souhaitent savoir sur le monothéisme. À la fin de la séance, l'éventail des questions reflète la diversité des opinions face à la religion. On trouve, par exemple :

– À quoi cela sert-il de croire en Dieu ?

– Pourquoi la religion parle-t-elle d'amour ? Il y en a qui croient et qui sont violents (guerres, massacres, terrorisme).

– S'il n'y a qu'un seul Dieu, pourquoi Moïse, Jésus et Mohammed ne sont-ils pas de la même religion ?

– Chez nous, on ne croit pas en Dieu. Je ne comprends pas pourquoi il faudrait encore croire à toutes ces bêtises.

– À l'église, on nous dit que le premier homme c'est Adam et à la télévision, on nous parle de Lucy. Qui a raison ?

– Est-ce que c'est mieux d'avoir un ou plusieurs dieux ?

– Pourquoi est-ce si important pour les croyants de ne croire qu'en un seul Dieu ?

– Est-ce que les religions défendent les droits de l'homme et les droits des enfants ?

– Pourquoi j'ai des copains qui refusent de rentrer dans une église ?

L'intérêt des élèves pour la religion me surprend. Je décide alors de transmettre les questions telles quelles à Aziza et Raphaël. Ce serait une bonne entrée en matière pour notre première rencontre.

Où nous parlons de l'Être humain

Le jour J, la classe rassemblée attend avec curiosité les deux intervenants. Les chuchotements cessent lorsque le Principal et Pierre entrent avec Aziza et Raphaël. Tous les regards se braquent sur eux. Ils me saluent et disent bonjour aux élèves.

Le Principal prend la parole : Bonjour mes chers élèves. Je vous présente Aziza et Raphaël. Votre professeure d'histoire leur a proposé de venir vous parler d'Abraham et du monothéisme. Ils ont l'habitude de rencontrer des jeunes et je compte sur votre discipline pour faire honneur au collège. Si, toutefois, certains d'entre vous ne se comportent pas bien, j'ai de la place dans mon bureau... Je vous souhaite de bien travailler.

Avant que la discussion ne s'engage, j'insiste auprès des élèves pour que la prise de parole se fasse selon les règles habituelles et leur demande d'être attentifs. Je constate que quelques camarades se retournent alors vers Sami et Samy, l'air de dire : *Alors les gars, lequel va l'emporter sur l'autre* ? D'autres, plus circonspects, semblent penser : *Et s'ils vous donnaient tort à tous les deux* ?

Puis je me tourne vers mes deux invités, les priant de se présenter.

Raphaël commence, souriant : Bonjour les enfants. Enfin, vous n'êtes plus vraiment des enfants, mais vous savez, je suis directeur d'école élémentaire, je dis cela par habitude. Je suis personnellement très heureux d'avoir pu venir à votre rencontre au collège. Aziza et moi avons lu attentivement vos questions. Nous avons choisi de répondre tout d'abord à celle-ci : *À quoi cela sert-il de croire en Dieu* ? J'en parlerai à travers l'expérience d'Avraham.

Samy rayonne et pense : On va voir ce qu'on va voir ! Si Raphaël prend la parole, il va dire la vérité.

Trois noms pour un seul homme

Avraham en hébreu אברהם,
Abraham en français,
Ibrahim en arabe إبراهيم.

Aziza enchaîne d'une voix très douce qui suscite le silence : Bonjour à tous. Je suis également ravie d'être parmi vous aujourd'hui. Moi, je parlerai de l'expérience d'Ibrahim, telle qu'elle est rapportée par le Coran.

Sami est partagé entre fierté et doute : Oh là là ! c'est une femme, est-ce qu'elle sait vraiment parler de la religion ? Pourvu qu'elle s'y connaisse !

Raphaël poursuit : Ce personnage que vous connaissez sous le nom d'Abraham porte deux noms en hébreu.

Tout d'abord, il se nomme Avram, ce qui veut dire *Père élevé*. Les premières paroles que Dieu lui adresse sont : *Lèkh lèkha*, ce qui peut se traduire par *Va vers toi*. Il n'est pas dit qu'Avram ait eu la révélation que Dieu était unique et immatériel, il semble que c'était une évidence pour lui.

Lèkh lèkha n'est pas Lèk Lèka !

L'arabe et l'hébreu possèdent des sons que nous ne connaissons pas en français. Nous avons choisi de les transcrire comme suit :

ẖ = ح = ח est un son qui consiste à prononcer un r au fond de la gorge, comme la *jota* espagnole.

kh = خ = כ est un son qui consiste à prononcer un r plus fortement au fond de la gorge, comme le *ch* allemand.

" = ع = ע est un son qui consiste à serrer la gorge lorsqu'on prononce la voyelle qui suit.

h = ه = ה est soufflé comme en anglais ou en allemand.

Martin, surpris, demande : Où est-ce que c'est raconté ?

– Dans le TaNaKH, indique Raphaël, le nom de la Bible en hébreu. Des histoires écrites plus tard, des *midrachim*, parlent aussi d'Avram. Un *midrach*, qu'on m'a raconté quand j'étais petit, dit qu'Avram a brisé les idoles que fabriquait son père pour prouver qu'elles n'avaient aucun pouvoir et n'étaient que des statuettes de terre. Ce qu'a fait Avram était révolutionnaire, car à cette époque tout le monde vénérait ces idoles, ou d'autres idoles comme des pierres, des arbres, des animaux. Avram a libéré l'humanité de ces attaches matérielles pour nous indiquer que toute la Création est l'œuvre de Dieu et que c'est au plus profond de notre être, dans notre conscience, qu'il faut chercher des réponses.

Aurélie, une brunette qui s'habille comme un top-model, demande, étonnée : Ça veut dire qu'Abraham ne doit s'intéresser qu'à lui-même ? Je croyais que les religions demandaient à chacun de s'occuper des autres.

– Avram ne doit pas être égoïste, répond Raphaël, mais il doit quitter ses certitudes, les idées matérialistes avec lesquelles il a grandi. Aujourd'hui, il arrive que des gens ne pensent qu'à l'argent, soient captivés par la vie des célébrités ou le pouvoir d'un homme et ceci les détourne de leur propre vie. En revanche, la croyance en ce Dieu commun à toute l'humanité peut nous permettre de trouver notre place parmi les humains, à égalité avec tous les autres. N'est-ce pas, Aziza ?

Aziza acquiesce de la tête et ajoute : Selon la tradition musulmane, Ibrahim, encore jeune garçon, a compris que Dieu n'était pas dans les idoles sculptées par son père et adorées par les habitants de sa ville. Il l'a cherché partout, dans la nature, les astres. Il a fini par comprendre qui est le créateur de l'univers. Le Coran nous dit que Dieu l'a guidé dans sa recherche. Ibrahim déclare sa foi ainsi : *Je ne peux que tourner la face, en vrai croyant, vers Celui qui fit les cieux et la terre, et ne puis être un païen*[1].

– D'accord, il découvre que Dieu a créé l'univers, commente Martin, mais qu'est-ce que cela change pour les autres, ceux qui n'y croient pas ?

J'interviens alors : Tu veux parler de ceux qu'on appelle de façon générale les athées. Ce mot signifie *sans Dieu*. Ce qui n'empêche pas les athées de croire aussi en la valeur de l'homme et de la vie.

Un héritage linguistique

L'arabe a gardé 3 sons qui ne sont plus utilisés en hébreu :

– le *dh* ذ se prononce doucement en glissant la langue entre les dents, comme dans le mot anglais *the*.

– le *th* ث se prononce fortement en glissant la langue entre les dents, comme dans le mot anglais *thin*.

– le *q* ق est un k prononcé au fond de la gorge.

Puis je me retourne vers Aziza : Que pensent les croyants à propos des athées ?

Aziza m'explique : Comme Dieu se manifeste dans la Création, le Coran appelle souvent les êtres humains à observer les signes de Dieu dans l'univers mais également dans le visage de l'autre, de tous les autres. Ainsi l'exprime un *hadith,* c'est-à-dire une parole du prophète Mohammed : *Dieu demandera à l'un de vous, le jour du jugement : J'étais malade et tu n'es pas venu me rendre visite. L'homme répondra : comment peux-Tu être malade, Toi, le Maître de l'Univers à qui l'on demande la guérison ? Allah dira : Un tel, ton frère, ton voisin, mon serviteur était malade, si tu l'avais visité, tu m'aurais rencontré chez lui.* Le texte se poursuit, évoquant un homme affamé, puis une personne sans abri : *Si tu l'avais abrité, tu m'aurais aussi abrité.* C'est pourquoi Ibrahim recommanda l'hospitalité à ses enfants, surtout envers les étrangers[2].

TaNaKH

Le nom תנ״ך TaNaKH est composé des initiales des noms hébreux תורה *Torah,* Pentateuque, נבאים *Nèvi'im*, Prophètes et כתובים *Kètouvim*, Hagiographes, qui sont les trois parties de la Bible hébraïque, que les chrétiens appellent l'Ancien Testament. Pour beaucoup de croyants, la Torah a été dictée par Dieu à Moïse lors de son séjour sur le mont Sinaï. Pour les historiens, le TaNaKH est une compilation de textes écrits à des époques diverses.

Guillaume, qui jusque-là est resté silencieux, demande soudain : Mais où est-il, ce Dieu dont vous parlez ?

– Pour les croyants, répond Raphaël, il est omniprésent, c'est-à-dire partout. C'est ainsi que l'on chante le samedi matin à la synagogue : *Dieu, Prince de tout ce que tu as créé, Tu es béni et loué par toutes les âmes, Ta grandeur et Ta bonté emplissent le monde*[3].

Aziza enchaîne : Et les musulmans pratiquants récitent quotidiennement la sourate de La Foi Pure qui énonce : *Dis : Il est Dieu, l'Un. Dieu l'Absolu. Il n'a pas engendré. Il n'a pas été engendré. Nul n'est à même de l'égaler.*

> ***Midrachim***
>
> Les *midrachim* sont des textes écrits à partir du IIe siècle après Jésus-Christ pour commenter et expliquer le texte du TaNaKH.

Raphaël s'exclame, comme s'il entendait ces propos pour la première fois : C'est incroyable comme nos textes se ressemblent, quasiment mot pour mot ! La prière du *Chèma*[4] que les Juifs observants récitent trois fois par jour, commence par : *Écoute Israël, l'Éternel est notre Dieu, l'Éternel est Un.*

Aziza reprend : Nos façons de prier sont proches. En arabe et en hébreu, le mot qui veut dire *prier* signifie également *se juger*, *être face à sa conscience.*

Je tiens alors à préciser aux élèves que la prière est un acte religieux : Vos familles et vous-mêmes n'êtes pas tous croyants. Beaucoup de gens ne prient jamais. Mais il est important que vous sachiez comment vivent ceux qui ont une pratique religieuse.

Julien lève la main : Mais ce qu'on raconte sur la Création du monde dans la Bible et le Coran, tout le monde sait que c'est faux.

– Revenons ensemble au récit de la Création telle qu'elle est racontée dans la Genèse, propose Raphaël. Il y est écrit que Dieu crée le monde à partir du néant en six jours et que sa dernière « création » est Adam, l'être humain. Bien sûr, les recherches actuelles parlent du

« Big Bang », de millions d'années avant l'apparition de l'homme, à la suite de l'évolution des espèces. Un texte sacré n'est pas écrit par des scientifiques, dont les recherches expliquent les origines du monde et de la vie sur Terre.

Hakim, se référant à *L'odyssée de l'espèce*, regardé avec la prof de sciences naturelles, demande alors : Les scientifiques ont-ils raison dans ce qu'ils nous expliquent ?

– Le film est très intéressant, commence Raphaël. Ce qu'un texte sacré apporte de particulier, c'est un message moral. Par exemple, un autre *midrach* nous dit : *Pourquoi Adam a-t-il été créé unique ? Pour qu'aucun homme ne puisse dire : Mon ancêtre était supérieur au tien.* Il n'y a pour la Bible qu'une seule espèce humaine, sans hiérarchie. N'est-ce pas aussi ce que disent les scientifiques ?

Le Coran

En arabe القرآن , *Al-qor'ân, la récitation*, désigne le livre saint des musulmans, révélé à محمّد , *Mouhammad*, Mohammed à partir de l'an 610 après Jésus-Christ pendant une durée de 23 ans. Il est composé de 114 chapitres appelés sourates. Les sourates sont divisées en versets et sont classées par ordre chronologique et non par thème.

Aziza ajoute : D'ailleurs, un *hadith* énonce aussi : *Vous êtes tous enfants d'Adam et Adam est le fils de la Terre.* Vous savez, *Adam* est le même mot en hébreu et en arabe. Il se prononce *Adame* et signifie *être humain.* C'est le masculin de *Adamah*, *Terre* ; il contient *Dam*, *sang*.

– Eh oui ! En hébreu comme en arabe, chacun de vous est un בן אדם ou إبن آدم , *fils d'Adam*, renchérit Raphaël.

Mamadou, un grand garçon fin et longiligne, prend alors la parole : L'hébreu et l'arabe, on a l'impression que ça se ressemble.

J'en profite pour faire un parallèle : Oui, ce sont des langues sœurs de la famille des langues sémitiques. En revanche, le français est sœur de l'italien ou de l'espagnol, elles sont toutes les trois des langues latines.

> ***Hadith***
>
> Le mot arabe حديث, *hadith,* signifie *parole du prophète Mohammed.* Ces paroles ont été transmises oralement d'une génération à l'autre puis consignées dans des recueils et classées selon leur degré d'authenticité. Il y a six recueils de *hadiths* reconnus comme authentiques, notamment ceux de Mouslim et Boukhari.

Puis je reviens à notre sujet : Il existe des scientifiques qui veulent développer des thèses racistes et prouver qu'il y a une hiérarchie des races humaines. Ne retrouve-t-on pas la même intolérance chez les croyants ?

Aziza et Raphaël se regardent et sourient. Aziza répond la première : Mais oui, c'est ce qu'on appelle des intégristes ! Ceux qui prétendent connaître la volonté de Dieu mieux que Dieu lui-même ! Le texte sacré, que ce soit le TaNaKH ou le Coran, est donné aux hommes. Libre à eux de l'interpréter.

Raphaël ajoute : Nous, nous avons choisi de chercher avant tout ce qui rapproche les hommes. Nous pensons que c'est ainsi que chacun s'enrichit de l'expérience de l'autre.

Sélim, un garçon sage et rêveur qui lève la main depuis un bon moment, parvient enfin à participer à la discussion : Est-ce que je peux poser une question ?

Je l'encourage : Nous t'écoutons.

– Regardez, dans la classe, nous ne sommes pas tous pareils ! lance-t-il.

Raphaël approuve sa remarque : Le TaNaKH et le Coran reconnaissent que chaque être humain porte en lui une étincelle divine, ce qui le rend unique.

Marine glisse à voix basse à sa voisine : Une étincelle, ça veut rien dire !

Aziza, qui a entendu, lui répond : Si, c'est ce petit plus qui fait de nous des êtres exceptionnels. Si nous avons tous le même ancêtre, nous sommes aussi tous différents, c'est la richesse de l'humanité. La différence que nous remarquons en premier – la couleur de la peau, le sexe, la langue parlée – ne doit pas nous empêcher de voir la personnalité de chaque individu.

Marine est écarlate.

Hébreux ou Juifs ?

Un Hébreu, עברי , *"Ivri*, est un descendant d'Avraham, de son fils, יצחק *Yitshaq*, Isaac et de son petit-fils יעקוב, *Ya"aqov*, Jacob. Le peuple hébreu s'est installé en Terre d'Israël, *Èrèts Yisra'èl*, qui fut partagée en deux royaumes : au Nord, Israël, *Yisra'èl*, et au Sud, Juda, *Yèhouda*. Le royaume d'Israël disparut et il ne resta que le royaume de Juda, dont les habitants se nommaient les *Yèhoudim*, Judéens ou Juifs. Un Juif, יהודי *Yèhoudi*, est donc un descendant des Hébreux.

Raphaël se fait plus grave : Le racisme et la xénophobie sont contraires au projet de Dieu, qui a créé l'homme, tous les humains, בצלמו, *bè-tsalmo*, à son image. Il est écrit dans un *midrach* : *J'en prends à témoin le ciel et la terre, peu importe qu'on soit juif ou non, homme ou femme, c'est uniquement en fonction de ses actions que l'esprit de sainteté descend sur l'homme*[5].

Aziza renchérit : De la même façon, le prophète Mohammed dit : *Il n'y a pas de différence entre un Arabe et un non Arabe, un Blanc et un Noir, seuls comptent les actes de piété.*

J'observe Sami et Samy depuis un moment. Ils restent silencieux, comme décontenancés par les propos tenus par Aziza et Raphaël. À quoi pensent-ils ?

Juifs ou juifs ?

Tous les Juifs ne pratiquent pas leur religion ; être juif, que l'on soit croyant ou non, c'est faire partie du peuple juif, ce qui explique la majuscule donnée au nom *Juif*. Il est donc possible de faire partie de deux peuples, d'être Français et Juif.

Marie, qui a appris l'histoire d'Adam et Ève au catéchisme, intervient : Si Dieu est si gentil avec les hommes, pourquoi les a-t-il chassés du Paradis ?

– Dans le Coran, dit Aziza, Allah annonça la création d'Adam aux anges ainsi : *Vint un jour où ton Seigneur dit aux anges : J'ai résolu d'installer un intendant à moi sur la Terre*[6]. Cette mission les honore et les responsabilise les uns vis-à-vis des autres, mais aussi vis-à-vis de toutes les autres créatures existant sur la Terre.

– Selon le TaNaKH et le Coran, poursuit Raphaël, Adam et Ève ont été invités à demeurer au jardin d'Éden, le Paradis, un cadre de vie initial où tout est offert, où aucun effort n'est exigé, aucune activité nécessaire, et où un seul interdit est imposé : ne pas manger le fruit de l'arbre dressé au milieu de ce jardin, *l'arbre de la connaissance du bien et du mal.*

Aziza continue : Face à cet interdit, Adam et Ève ont été mis à l'épreuve : soit ils obéissaient à l'ordre de Dieu et demeuraient au Paradis, soit ils le transgressaient et connaissaient un destin différent. Ils ont choisi de désobéir et de goûter au fruit défendu. Ainsi, ils ont usé de leur liberté de choix, rendue possible par leur capacité à réfléchir.

Me tournant vers les élèves, j'en profite pour essayer de les faire réagir : Cette possibilité de choisir entre le bien et le mal, vous connaissez, n'est-ce pas ?

Fatoumata, qui a compris le sens caché de ma question, lance alors : Oui, madame, mais si nous vivions au Paradis, ce serait vraiment cool !

Aziza, amusée, reprend : C'est vrai. Comme toi, je vivrais bien dans ce Paradis tel qu'il est décrit par les textes saints ! Seulement voilà, nous n'y sommes plus. Mais en nous apprenant le pardon, Dieu a montré aux humains comment reconstruire une image du Paradis sur la Terre : *Dieu inspira alors à Adam certaines paroles pour demander pardon pour son erreur. Dieu agréa son repentir, car Il absout et Il est Miséricordieux*[7].

– *Le Miséricordieux,* הרחמן, *ha-Ra<u>h</u>amane*, est un des noms de Dieu en hébreu, précise Raphaël.

Une partie de ping-pong se joue alors à l'oral entre nos deux invités.

Aziza relance : Ce qui se dit الرحمان, *ar-Ra<u>h</u>mane,* en arabe.

– Mot dont l'origine en hébreu et en arabe est *rè<u>h</u>ème* ou *ra<u>h</u>im*, la *matrice*, partie du corps dans laquelle la femme porte son bébé pendant la grossesse.

– Belle image féminine de Dieu, qui protège et réconforte ceux qui sont faibles et vulnérables, conclut Aziza en souriant, n'est-ce pas ?

Moussa fait la moue : D'accord, mais Adam et Ève ont quand même dû quitter le Paradis.

Raphaël tente de lui expliquer les motivations de Dieu : Dieu les invita à assumer la conséquence de leur acte, car la liberté de choisir est inséparable de la responsabilité qui s'ensuit, mais aussi parce qu'aucun nouveau départ n'est possible sans le pardon. Les êtres humains, comme Adam et Ève, peuvent commettre des erreurs, mais ils doivent en assumer les conséquences et savoir demander pardon à ceux qu'ils ont offensés.

– J'ai remarqué qu'après une bagarre ou une dispute, on se calme plus facilement si on se demande pardon, avance Jacques, un garçon d'origine chinoise qui découvre toutes ces histoires dont il n'avait jamais entendu parler.

Je profite de son intervention : Savez-vous pourquoi nous insistons pour que vous vous excusiez ?

– Parce qu'on accepte de dire qu'on a fait du mal, et que ça fait du bien à celui qui l'entend, répond Leïla sur un ton sérieux.

– Ce que tu dis est très important, reprend Raphaël. Avant de confesser leurs fautes à Dieu le jour de Kippour, une fête juive importante, les croyants doivent demander pardon à ceux qu'ils ont offensés. Il nous faut assumer notre responsabilité vis-à-vis des autres pour pouvoir avoir l'esprit en paix. Dieu nous donne l'exemple, comme nous le rappelons pendant la prière de Kippour lorsque nous récitons : *Dieu qui siège sur un trône de miséricorde (...), Tu es lent à la colère, (...) et Tu gardes Ta faveur jusqu'à la millième génération.*

Regardant Sami du coin de l'œil, Samy demande : Les musulmans, ils ont aussi un jour de pardon ?

– Le jour de l'Aïd, répond Aziza. Nous faisons une prière collective puis nous nous félicitons et nous demandons pardon les uns aux autres ; c'est le même message.

– Mais dans le monde, il y a des gens qui se tuent à cause de la religion, déclare Naïma, énervée.

– Connais-tu l'histoire de Caïn, le fils d'Adam et Ève qui tua son frère Abel ? lui demande alors Raphaël. *(Il raconte.)* Caïn éprouva de la jalousie envers Abel, dont l'offrande avait été agréée par Dieu. Voyant qu'il n'y avait pas de témoin, Caïn tua Abel, car il n'avait pas entendu l'appel de Dieu à s'améliorer : *Pourquoi ton visage est-il abattu ? Si tu t'améliores, tu pourras te relever, sinon le péché est tapi à ta porte ; il aspire à t'atteindre, mais toi, sache le dominer*[8]. Après ce crime, Dieu interpella Caïn : *Où est Abel, ton frère ?* Qui peut imaginer que Dieu ne savait où le trouver ? Mais Caïn répond : *Je ne sais ; suis-je le gardien de mon frère*[9] *?* La réponse est évidente : oui, tu es le gardien de ton frère humain. Malheureusement, tous les hommes ne se sentent pas gardiens de leurs frères ou seulement de ceux qui leur ressemblent.

– Et de leurs sœurs ! ajoute Aziza. Les conséquences de ce crime sont un éternel regret pour Caïn et les humains en tirent plusieurs leçons dont la première peut être : *Ne pas répondre à la violence par la violence.* Selon le Coran, c'est ainsi qu'on peut qualifier l'attitude d'Abel quand il comprend que son frère va le tuer : *Si tu portes la main sur moi pour me tuer, je n'en ferai point de même envers toi : je crains trop Dieu, Maître de l'univers, pour commettre un tel crime*[10].

– Mais madame, s'exclame Martin, à la télé, on entend des musulmans parler de guerre sainte, de *Jihad* et dire qu'il faut tuer au nom de Dieu !

Aziza fronce alors les sourcils : Ceux qui parlent comme ça ont confisqué le message de la religion pour exprimer leur colère et imposer à tous leur point de vue. Bien reconnaître Dieu l'Unique implique avant tout de respecter la vie qu'Il a créée et de ne pas céder à la violence, même dans des cas extrêmes. Comme il s'agit de respecter la vie, l'être humain a aussi l'obligation de se défendre pour sauver sa propre vie. Le récit de l'histoire de Caïn et Abel se termine par une règle d'or inscrite dans la Torah et dans le Coran : *C'est pour cela que fut prescrite par nous cette loi aux fils d'Israël : Quiconque aura tué un être humain sans que celui-ci ait commis un homicide ou semé le désordre sur terre sera censé avoir tué l'humanité tout entière. Celui qui aura sauvé la vie d'un seul homme sera tenu pour le sauveur du genre humain*[11].

– Madame, pourquoi ne parlez-vous pas souvent de Jésus ? demande Marie, intriguée.

Je savais que l'un d'entre vous allait nous faire cette remarque, dit Aziza. J'ai demandé à une amie catholique, Geneviève, de me parler de la place de Jésus dans la tradition chrétienne et voilà ce qu'elle a dit : *Le monothéisme chrétien a ses racines dans le monothéisme biblique et juif : Il y a un seul Dieu, et tout être humain est créé à Son image. Cette égalité de tous les humains entraîne des exigences morales : lutter contre les injustices et vivre la solidarité.*

– C'est aussi ce que vous nous avez dit, remarque Fatoumata.

– Mais, madame, nos professeurs ne nous ont jamais parlé de tout ça ! s'exclame alors Pablo.

J'interviens dans la conversation pour préciser certaines choses à mes élèves : À l'école publique, nous respectons les valeurs de la laïcité et de la République. Elles garantissent le respect des droits humains et ne sont pas forcément opposées à ce qui a été dit par nos invités : la valeur de l'être humain, l'égalité entre tous, le respect de la vie. Nous n'enseignons pas les religions car nous pensons que pour accueillir chaque élève, l'école ne doit pas prendre parti. Notre morale a pour idéal « Liberté, Égalité, Fraternité ». C'est la devise de la République et elle doit permettre à tous de vivre ensemble.

Samy et Sami lèvent alors la main. Ils prennent la parole l'un après l'autre pour rappeler que peu de choses ont été dites sur Avraham/Ibrahim. Je remarque que le temps est passé vite et leur demande s'ils ne veulent pas prendre en charge un exposé sur la famille d'Abraham. D'autres élèves lèvent la main, disent qu'ils ont encore plein de questions à poser. Certains voudraient aussi faire des exposés.

Pour les rassurer je leur propose d'en reparler en classe ; quelques élèves s'exclament d'une seule voix : Avec Aziza et Raphaël ?

Je me tourne vers les deux adultes. Ils se regardent puis, avec un hochement de tête, Raphaël répond : Avec plaisir, j'aimerais vous revoir.

Aziza suggère une rencontre dans un autre lieu.

– C’est-à-dire ? interroge la classe, en chœur.

– Nous pourrions vous emmener à l’Institut du monde arabe, propose-t-elle.

– Et moi, je vous ferai visiter le MAHJ, s’enthousiasme Raphaël.

– Le mage ?! s’exclament les élèves.

– Le musée d’Art et d’Histoire du judaïsme, leur précise-t-il, amusé.

Avant de quitter la salle, une main se lève. C’est Audrey. Je demande le silence et lui donne la parole.

– C’est bizarre, madame, on a l’impression qu’Aziza et Raphaël sont toujours d’accord. Ce n’est pas comme Samy et Sami.

Tous rient, sauf les deux garçons, qui ne se sentent pas très à l’aise.

– Comme tout le monde, nous ne sommes pas toujours du même avis ! précise Aziza. Seulement, nous choisissons de dialoguer pour mieux nous comprendre.

Je suis soulagée. L’atmosphère s’est détendue dans la classe. Les relations entre Aziza et Raphaël sont plus ouvertes que je l’aurais imaginé et leur discours plutôt intéressant pour les élèves. Ceux-là demandent même du travail ! Honnêtement, je n’en espérais pas tant. Je me suis même surprise à accepter de parler de Dieu en classe. Les sujets abordés me rappellent les discussions autour du prof de philo, en terminale.

Me tournant vers mes invités, je les remercie pour leur intervention et accepte leur proposition. Les élèves ont l'air ravi à l'idée de préparer la rencontre de la semaine prochaine.

Notes

1. Coran, sourate 6, verset 79.
2. Voir Genèse 18, versets 1 à 5. Voir *hadith* n° 3, chapitre de Sadaqa, recueil al-hadith al-qoudoussi.
3. Prière dite *Èl, Adone*, Dieu, Prince (de tout...). Cette prière est prononcée lors de l'office du samedi matin.
4. Prière dite *Chèma Yisraël*, Écoute Israël. Cette prière est souvent considérée comme une profession de foi juive en un Dieu unique.
5. *Midrach* dans Tanna de Éliyahou-88, extrait du Talmud.
6. Coran, Sourate 2, verset 30.
7. Coran, sourate 2, verset 38.
8. Genèse 4, versets 6 et 7.
9 Genèse 4, verset 9.
10. Coran, sourate 6, verset 28.
11. Coran, sourate 6, verset 32.

Où nous parlons de la famille

Me voici avec ma classe à l'Institut du monde arabe par un bel après-midi ensoleillé. Les élèves sont impressionnés par ce grand bâtiment très moderne de verre et d'aluminium. Les moucharabiehs, ces ciselures de métal qui, placées devant les fenêtres, s'ouvrent et se ferment en fonction de la lumière du jour, donnent à l'ensemble un aspect oriental. Aziza et Raphaël nous attendent à l'entrée et nous conduisent au musée. En passant devant une grande carte de l'Afrique du Nord et du Moyen-Orient, les élèves s'amusent à regarder le nom de tous les pays. Égypte, Maroc, Irak, Tunisie, Soudan, Algérie ; certains reconnaissent des lieux de vacances, d'autres le pays de leurs parents. Samy regarde l'endroit où se situe Israël. À cet endroit, le nom de Palestine est écrit, en anglais et en arabe. Il se retourne alors vers Raphaël.

– Monsieur, vous avez vu ? Ils n'ont même pas écrit Israël. C'est pas juste !

– J'ai vu, mais ne t'énerve pas. Nous demanderons pourquoi le moment venu.

Aziza nous fait faire une petite visite du musée : des poteries multicolores, des objets en verre soufflé, des robes brodées. C'est très joli… Néanmoins, l'impatience s'installe rapidement. Nous avons rendez-vous à la bibliothèque pour écouter des exposés préparés par certains élèves, et poser des questions à Aziza et Raphaël.

Pour atteindre la salle de notre rendez-vous, nous empruntons un couloir qui grimpe en colimaçon dans une tour de verre. Aziza nous explique que c'est la réplique du minaret *Al-Malwiyya*, *la Spirale*, de la mosquée de Samara, en Irak. Monsieur Ben Mansour, le bibliothécaire, nous attend en haut. Il nous guide vers de grandes tables sur lesquelles sont disposés des livres sur la vie et l'histoire d'Abraham.

D'où viennent les Arabes ?

Les peuples arabes vivent dans la région du Moyen-Orient et du Maghreb. Ils sont fortement liés par leur origine (ils viennent de la péninsule arabique) et par leur langue, langue sémite de la même famille que l'hébreu ou l'araméen. La présence des Arabes en Basse-Mésopotamie et au Moyen-Orient remonte aux alentours de l'an 854 avant Jésus-Christ. Les deux royaumes les plus importants fondés par les Arabes à cette époque étaient celui des Sabéens dans le sud (Yémen) et celui des Nabatéens dans le nord (Jordanie).

– Mes chers enfants, soyez les bienvenus dans la bibliothèque de l'Institut du monde arabe. J'ai organisé cette visite avec votre professeure d'histoire et avec mon amie Aziza. À leur demande, j'ai mis à votre disposition des livres sur ce personnage que vous appelez Abraham et que nous appelons en arabe Ibrahim. Il paraît que quelques élèves ont préparé des exposés. Je vous laisse avec votre professeure. Madame, si vous avez besoin d'aide, je suis à votre disposition.

Après avoir remercié monsieur Ben Mansour, je me place à côté de la carte du Moyen-Orient et pose la première question : Lequel d'entre vous pourrait nous montrer le lieu de naissance d'Abraham ?

De nombreuses mains se lèvent, j'hésite, puis donne la parole à une petite frimousse rouquine, Noémie : Il est né en Mésopotamie.

– Très bien. Te souviens-tu du nom de cette région aujourd'hui ?

– Oui, c'est l'Irak, répond Mamadou. Avec Noémie et Audrey, nous avons préparé un exposé sur le voyage d'Abraham vers le pays de Canaan.

– Allez-y, nous vous écoutons.

Les trois élèves sont un peu impressionnés et après concertation, décident que Noémie commencera.

– Abraham est né à Ur, commence Noémie, très sérieuse. C'est une ville importante du Sud de la Mésopotamie située le long du fleuve Tigre. Nous connaissons sa famille par le texte écrit dans la Bible. Il est le fils de Tharé.

Tous les élèves éclatent de rire.

– Parfois, la traduction des noms donne de drôles de résultats, explique Raphaël. En hébreu, son nom se dit Tèra'h et n'a rien à voir avec le sens qu'on pourrait lui donner en français !

Noémie reprend son exposé : Abraham commence son voyage avec son père, sa femme Sarah et son neveu Loth. Ils s'installent à Haran. Après la mort de Tharé, Dieu va s'adresser à lui, et lui demander de partir jusqu'au pays de Canaan. Abraham continuera le voyage avec les siens.

Je l'interroge à ce moment-là : Audrey, peux-tu montrer à tes camarades le chemin parcouru par Abraham ? Elle remonte le cours de l'Euphrate et du Tigre avec son doigt jusqu'à la hauteur de la ville de Haran, puis redescend vers le Sud, au niveau de la terre de Canaan.

– Tu oublies qu'ils sont allés jusqu'en Égypte, où le Pharaon a voulu garder Sarah, précise Mamadou. Puis ils sont remontés s'installer en Canaan.

Je les félicite : Très bien, vous avez fait un beau travail.

– Puis-je ajouter une question ? demande alors Aziza. Pensez-vous qu'ils n'étaient que trois à voyager ainsi ?

Les Arabes, tous musulmans ?

Les Arabes se définissent comme les descendants d'Ismaël, fils d'Abraham. Les peuples arabes ont côtoyé beaucoup d'autres minorités ethniques et linguistiques qui vivaient dans le monde arabe ou dans les pays limitrophes comme les Juifs, les Kurdes, les Berbères, les Arméniens… Tous les Arabes ne sont pas musulmans. Une forte minorité chrétienne vit dans plusieurs pays arabes, notamment en Égypte et au Liban. Sa présence est antérieure à l'islam, elle date des premiers siècles du christianisme.

Je reprends la parole, comprenant le sens de la question de Aziza.

– Vous savez sûrement qui sont les nomades.

– Des personnes qui se déplacent avec des troupeaux, répond Fatoumata. C'est ce que vous nous avez dit.

– Oui. Ils circulaient avec leurs bergers et leur famille. C'était tout un petit peuple qui allait d'un puits à l'autre, d'une source à l'autre.

– Je relie cette explication au sens du mot *hébreu*, qui se dit עברי, *"Ivri*, précise Raphaël. Ce mot vient du verbe *"avar* qui signifie *passer*, *traverser*, *aller sur l'autre rive.* Sous la conduite d'Abraham, les Hébreux sont passés au milieu d'autres peuples, mais ils ont aussi traversé le fleuve de la croyance en passant de la rive du polythéisme à la rive du monothéisme.

– En arabe, reprend Aziza, on dit عبريم *"ibrîm* qui veut dire aussi *ceux qui traversent*, et *arabe* vient de عرب, *araba* qui signifie, à l'origine, *abondance et rareté de l'eau*.

Qui sont les musulmans ?

Les musulmans professent l'islam comme religion. Ils suivent le message proclamé par Mohammed qui prône l'unicité de Dieu et s'inscrit dans la continuité de la tradition abrahamique. La révélation reçue par Mohammed est contenue dans le Coran.

Je rebondis sur ces propos : C'est intéressant. Avez-vous noté que le nom des peuples peut avoir un sens ? D'ailleurs, le nom de la France vient de celui des *Francs*, ce qui signifie *les hommes libres*. Mais reprenons l'exposé. Regardez bien le chemin parcouru. Il traverse une région dont nous avons déjà parlé en classe.

– Oui, c'est le croissant Fertile, s'empresse de répondre Mamadou.

– Très bien. Quelle est la particularité de cette région ?

– C'est une région riche pour l'élevage et l'agriculture, entourée de déserts, déclare Audrey.

– Savez-vous quels peuples vivaient dans cette région ? interroge Raphaël.

– Les Arabes, dit Mamadou.

Raphaël poursuit : De nos jours, oui. Mais à l'époque dont vous parlez, l'Antiquité, d'autres peuples habitaient cette vaste région. À l'Est, les Babyloniens, les Sumériens, les Chaldéens ; au Nord, les Akkadiens ; à l'Ouest, les Phéniciens, les Cananéens. Certains ont créé de grands empires, qui ont disparu. Quantité de petits peuples nomades ou sédentaires vivaient aussi dans la région. Parmi eux, les Hébreux.

– Quand Abraham s'est installé au pays de Canaan, il n'était plus nomade ? demande alors Noémie.

Je lui réponds : Il s'est sédentarisé, c'est-à-dire qu'il s'est installé dans un lieu fixe.

– Dans cette région, continue Raphaël, de nombreux peuples se croisaient : Abraham a rencontré de nombreux personnages comme Èlièzèr, de Damas, qui est devenu membre de sa famille. À mes yeux, la rencontre la plus importante – qui est racontée par la Bible et le Coran – est celle qui a eu lieu avec trois personnages qu'Abraham accueille comme cela se fait dans le désert : il leur apporte de l'eau pour leurs pieds, qui ont souffert de la marche, et leur offre à manger et à boire.

– C'est comme ma mère ! coupe Moussa. Dès que quelqu'un vient à la maison, elle lui donne à manger !

– Comme chez moi ! lance Naïma. D'ailleurs, mes parents disent qu'on doit faire comme au pays. Chez les Français, ce n'est pas pareil.

Je suis un peu choquée : Pourquoi dis-tu cela ?

– Mes parents trouvent que les gens sont plus froids en France, qu'on ne peut pas arriver sans prévenir, qu'on les dérange.

– Je comprends, dit Aziza : Tu sais, chaque pays a sa façon de faire. Ici, il faut prévenir avant de venir, mais quand on reçoit des amis, on offre à manger et à boire.

– Oui, c'est comme ça quand je vais chez mes copines, déclare Fatoumata. Mais mes parents, à part des Africains, personne ne les a jamais invités.

Un silence gêné s'installe.

Raphaël reprend : Tu penses qu'ils sont victimes de racisme ?

– Oui, lui répond sincèrement Fatoumata.

– C'est possible. Il est aussi probable que les parents de tes copains n'osent pas les inviter, ajoute Raphaël. Il faut que les personnes d'origines différentes apprennent à se connaître, car souvent les gens craignent ceux qu'ils ne connaissent pas. Justement, revenons à l'histoire des Hébreux. Les descendants d'Abraham ont séjourné quatre cents ans en Égypte, où ils ont été réduits en esclavage. Quand ils sont sortis d'Égypte, guidés par Moïse, ils sont devenus un peuple organisé, avec un livre de loi, la Torah. Une des lois les plus importantes est le respect de l'étranger, comme le dit le TaNaKH : *Vous aimerez l'étranger, vous qui avez été étrangers dans le pays d'Égypte*[1].

Qui est Mohammed ?

Mohammed est né à La Mecque en 570 après J.-C. Il commença sa prédication en 612 et émigra en 622 à Yathrib (Médine) où il fonda la première communauté musulmane et construisit la première mosquée. En 630, il reconquit La Mecque et l'islam se propagea dans toute la péninsule arabique. Au temps de ses successeurs (les califes), l'expansion de l'islam s'est graduellement faite en Irak, Syrie, Égypte, Afrique du Nord, Iran, Espagne...

Fatoumata semble surprise : Mais les Juifs, c'est un peuple qui reste à part !

– C'est vrai et faux à la fois, lui répond Raphaël. Les Juifs ont vécu et vivent encore dans beaucoup de pays. Ils vivent avec les autres peuples, mais veulent préserver leur culture.

– Oui, c'est le peuple élu, affirme Sami. Ça veut bien dire qu'ils se croient supérieurs aux autres.

– Qu'est-ce que ça signifie pour toi *peuple élu* ?, reprend calmement Raphaël.

Sami ne sait que répondre.

– Qui a voté pour eux ? intervient alors Marie.

Samy, sur un ton sérieux : C'est Dieu qui a choisi.

– Ce n'est pas tout, les enfants, précise Raphaël. L'élection, c'est surtout le choix fait par les Hébreux d'accepter les commandements divins pour témoigner que Dieu est unique. Les Juifs ont fait ce choix, mais ne cherchent pas à l'imposer aux autres peuples.

– Alors, Dieu préfère les Juifs ? demande Pablo.

– Non, tranche Raphaël, n'oublie pas que le TaNaKH dit que Dieu aime tous les humains.

Je ne peux m'empêcher d'intervenir : À certaines époques, la religion n'a pas été un choix, elle était imposée de gré ou de force.

– Croire en Dieu n'a de valeur que si cela résulte d'un choix, affirme Aziza. Mais les croyants se considèrent parfois comme des personnes privilégiées par rapport à ceux qui ne partagent pas leur foi : certains musulmans pensent qu'ils sont *khayra oummattine,* la *meilleure communauté* et, pour certains chrétiens, seul Jésus-Christ peut sauver les hommes. Certains bouddhistes pensent qu'ils ont mieux compris la nature de l'homme... Si on en reste là, les religions n'aident pas à vivre ensemble !

Je profite de cette intervention pour insister sur la notion de laïcité auprès de mes élèves : Il est important que l'école reste laïque, ce qui veut dire qu'au collège, même si nous parlons de l'histoire des religions, nous ne les enseignons pas. La religion est un choix familial et personnel. À propos de famille, lesquels parmi vous devaient faire un exposé sur la famille d'Abraham ?

Sami, Samy et Fatoumata lèvent la main.

Fatoumata prend la parole la première : Nous avons trouvé qu'Abraham a quitté son pays avec sa femme Sarah et son neveu Loth. Plus tard, il a eu une autre femme, Hagar. Il a eu deux fils : Ismaël avec Hagar, puis Isaac avec Sarah.

– Abraham a épousé Hagar parce qu'il n'aimait plus Sarah ? demande Jennifer, avec un sourire un peu gêné.

– Mais bien sûr, t'es bête ou quoi ! interrompt Gwenaëlle. Puis elle ajoute : Tout le monde le sait, quand ils ne s'aiment plus, les adultes se séparent et se remarient ! Après leur divorce, mes parents se sont remariés chacun de leur côté ! C'est normal !

– Eh bien, pour Ibrahim, Sarah et Hagar, c'était différent, intervient Aziza. N'oublions pas qu'ils ne vivaient pas de la même manière que nous. En fait, c'est Sarah qui a proposé à Ibrahim de prendre Hagar comme « deuxième épouse ». Cela peut vous paraître étrange, n'est-ce pas ?

Je pense important de clarifier le propos : Cette forme de famille est polygame : un seul homme a plusieurs épouses. Cela existe encore dans certains pays.

Les musulmans, tous arabes ?

Tous les musulmans ne sont pas arabes. Il y a des musulmans un peu partout dans le monde. D'ailleurs, le plus grand pays musulman n'est pas arabe mais asiatique ; c'est l'Indonésie qui, à lui seul, compte plus d'habitants que tout le monde arabe.

Jennifer se tourne vers Fatoumata ; elles échangent un sourire complice.

– Voilà l'histoire telle que je la connais, commence Aziza : Hagar était égyptienne, elle a été donnée à Sarah comme servante par le Pharaon et est ainsi devenue membre de sa famille. Ibrahim, comme tout homme, espérait avoir des enfants. C'est pourquoi il priait souvent Dieu : *Dieu, accorde-moi un fils vertueux*[2]. Mais cette prière tardait à être exaucée et Ibrahim et Sarah vieillissaient. Sarah a fait un geste d'amour envers Ibrahim quand elle lui a proposé de prendre sa servante pour épouse car elle voulait qu'il ait un enfant, même si ce n'était pas d'elle.

Une question me brûle les lèvres. Je décide de la poser à Aziza : Où est le choix de Hagar ? On ne donne pas une femme comme un objet !

C'est Raphaël qui prend la parole : Il faut se replacer dans le contexte historique. De nos jours, il n'est pas acceptable de disposer de la vie d'une femme, ni de la donner en mariage.

Aziza confirme énergiquement : Je suis tout à fait d'accord ! N'oublions pas que Sarah et Hagar n'étaient pas simplement une maîtresse et sa servante. Elles se sont connues quand Sarah était prisonnière du Pharaon et Hagar, esclave dans son palais. Cette expérience les a sûrement rapprochées l'une de l'autre. En repartant avec Ibrahim et Sarah, Hagar a été libérée de son esclavage. Ces deux femmes avaient vécu des événements très forts ensemble. Elles se faisaient sûrement confiance.

– En plus, c'est la décision d'Allah pour qu'Ismaël devienne l'ancêtre des Arabes. C'est comme ça que nous sommes les enfants aînés d'Ibrahim, déclare Sami. J'ai lu ça dans une bande dessinée sur les origines de l'islam !

– Les musulmans croient que la venue d'Hagar dans la famille d'Abraham est voulue par Dieu, précise Aziza. Sarah a donc exprimé une volonté divine en proposant à son époux d'avoir un enfant avec Hagar. Les musulmans cultivent un respect infini pour Sarah et, même si elle a demandé plus tard à Ibrahim de renvoyer Hagar et Ismaël, ils ne la tiennent pas pour responsable. Dans le Coran, Ibrahim s'adresse à Dieu : *Seigneur ! J'ai établi une partie de ma descendance dans une vallée aride, près de Ta Maison sacrée, afin Seigneur, qu'ils s'acquittent de la prière. Fais que les cœurs de certains hommes éprouvent de l'affection pour eux*[3]...

Sami, très sûr de lui, intervient : En plus, Allah leur a donné un miracle, le puits de Zamzam qui a jailli sous les pieds d'Ismaël. Mon père nous en a ramené une bouteille quand il est revenu du pèlerinage à La Mecque.

– Je vois que tu as bien travaillé ton exposé, Sami, lui dit Aziza en le regardant. En effet, le rôle de ce puits est important dans l'histoire des Arabes et des musulmans. Selon la tradition musulmane, l'eau a jailli pour réconforter Hagar et Ismaël qui étaient assoiffés mais aussi pour répondre à la prière d'Ibrahim exprimée dans le verset que je viens de citer. Pour nous, la vallée aride dont parle Ibrahim est La Mecque. À cette époque-là, elle était souvent traversée par des tribus connues sous le nom de Jourhoum. L'une d'elle a été attirée vers le puits découvert par Hagar…

– Comment ? demande Pablo.

J'ai envie de lui donner cette explication trouvée dans une lecture récente, et que je trouve jolie : Comme cela se passe souvent dans le désert, en suivant le vol d'oiseaux. Ce sont toujours les premiers à découvrir les points d'eau et à les signaler en décrivant des cercles dans le ciel.

Aziza continue : Savez-vous aussi que selon les coutumes de l'époque, Hagar était la propriétaire du puits ? Les tribus nomades s'étaient installées autour de ce point d'eau avec son autorisation. Son fils a grandi parmi eux et s'est marié avec l'une de leur fille. Ainsi, une famille s'est reconstituée et une nouvelle tribu est née : les *Banou Hajer*, les fils d'Hagar. De cette première tribu est né le peuple arabe qui est devenu plus tard musulman avec le prophète Mohammed, un descendant d'Ismaël. C'est ainsi qu'est racontée l'histoire du peuple arabe[4].

Je me tourne vers Raphaël : Y a-t-il une version juive différente de cette histoire ?

Samy prend la parole spontanément : Bien sûr ! Nous, on ne dit rien sur Ismaël. Le fils le plus important d'Abraham, c'est Isaac.

– As-tu bien lu les textes ? lui demande alors Raphaël.

Samy reste coi. Il sent qu'il n'aurait pas dû couper la parole.

Raphaël insiste : Vas-y Samy, qu'as-tu à nous dire sur la naissance d'Isaac ?

Samy commence : Saraï et Avram ne pouvaient pas avoir d'enfant…

– Pourquoi tu changes encore leur nom ? l'interroge Slimane.

– C'étaient leurs noms de naissance, répond-il après réflexion. Un jour, Dieu promet à Avram qu'il aura un fils avec Saraï. Ce jour-là, Dieu change le nom d'Avram en Avraham et Saraï en Sarah.

Je demande à Samy d'être plus précis. Il reste silencieux et regarde, inquiet, du côté de Raphaël.

– Je vais te donner un petit coup de main, l'encourage ce dernier. *Avram* signifie *père élevé* ou *père d'Aram*, le pays d'où venait Avraham. *Avraham* peut signifier *père d'un grand nombre*. De même *Saraï* veut dire *ma princesse* alors que *Sarah*, c'est *Princesse*. Elle n'est plus seulement la princesse adorée par Avraham…

– Ah oui ! s'exclame Samy. Je m'en souviens maintenant. Dieu leur promet un fils, et alors ils seront les ancêtres de grandes nations. Pour nous, le miracle, c'est qu'ils vont avoir un enfant alors qu'Avraham a 100 ans et Sarah 90 ; ils sont vieux et Sarah rigole quand elle apprend qu'elle va avoir un enfant. Leur fils, c'est Isaac.

– Oui, *Yitshaq*, ce qui signifie *Il rira*, précise Raphaël.

– Mais alors, si Hagar est partie avec son fils Ismaël, c'est qu'Abraham a préféré rester avec Isaac ? interroge Marie, un peu choquée.

– Le TaNaKH nous montre qu'Abraham éprouve beaucoup d'amour pour ses deux fils, indique Raphaël. Lorsque Sarah lui demanda de renvoyer Hagar et Ismaël, cette épreuve lui fut cruelle : *La chose déplut fort à Abraham, à cause de son fils*[5].

– En tant que femme, je comprends Sarah, confie Aziza. D'ailleurs, le Coran nous dit que même Dieu comprit sa détresse, et c'est pourquoi Il lui accorda la joie d'être une mère à son tour.

– Aziza, je crois qu'il ne s'agissait pas seulement de permettre à Sarah d'être... une bonne mère juive ! reprend Raphaël. Il s'agissait aussi de l'Alliance entre Dieu et la descendance d'Avraham. *Je maintiendrai mon pacte avec lui, comme pacte perpétuel pour sa postérité après lui*[6].

– Je te rappelle que la descendance d'Ismaël est aussi celle d'Abraham, lui rétorque Aziza. Puis elle poursuit : Le Coran reconnaît l'alliance de la famille d'Isaac : *Nous lui donnâmes pour fils Yishaq et Ya''qoub*, Isaac et Jacob, *que nous guidâmes dans Notre voie*[7]. Est-ce que le TaNaKH laisse une place à Ismaël ?

Une certaine inquiétude commence à se lire dans le regard des enfants. Que se passe-t-il entre Aziza et Raphaël ?

Raphaël lui répond, sur un ton un peu docte : Il est dit : *Quant à Ismaël (…) Je l'ai béni ; Je le ferai fructifier et multiplier à l'infini ; (…) Je le ferai devenir une grande nation*[8]. D'ailleurs, *le Saint béni soit-Il a placé à égalité le nom d'Israël et le nom d'Ismaël*[9], car tous deux portent le nom de Dieu, *Èl*.

Mi-sérieuse, mi-ironique, j'interviens alors dans cette passe d'arme et demande : Si je comprends bien, c'est un conflit d'héritage ! Les descendants de chaque fils prétendent être les meilleurs. Y a-t-il une vérité ?

Sami et Samy lèvent la main en même temps, pressés par un fort désir d'exprimer leur vérité. Tous les regards convergent vers eux.

Je regarde ma montre et remarque qu'il est grand temps de partir. J'explique aux deux compères et à tous les élèves qu'il va falloir arrêter maintenant : J'en suis désolée, mais vous savez que nous devons nous retrouver la semaine prochaine au musée d'Art et d'Histoire du judaïsme. Là-bas, nous rencontrerons Marthe, qui a écrit un livre sur le sacrifice d'Abraham et vous aurez alors l'occasion de nous dire quel est le fils préféré !

Des voix s'élèvent parmi les élèves : Oh non, on a encore plein de choses à demander !

Samy et Sami s'agitent, ils semblent rester sur leur faim. Les voilà enfin sur la même longueur d'onde !

Tout le monde prend congé de monsieur Ben Mansour, et la classe s'éloigne.

Raphaël se tourne alors vers Aziza : Tu sais, Aziza, il faudra un jour que nous ayons un long dialogue sur la place de l'autre dans nos traditions et nos cultures respectives...

– Et par la même occasion, que nous parlions de la place de l'autre sur nos cartes géographiques ! continue Aziza.

Notes

1. Deutéronome, chapitre 10, verset 19.
2. Verset 100, sourate 37.
3. Sourate 14, dite Ibrahim, verset 37.
4. Voir *Lisân al-Arab*, dictionnaire et encyclopédie de langue arabe, Ibn Manzour (XIIe siècle), entrée « *hajara* ».
5. Genèse, chapitre 21, verset 11.
6. Genèse, chapitre 17, verset 19.
7. Verset 84, sourate 6.
8. Genèse, chapitre 21, verset 20.
9. *Midrach* ha-Gadol.

Où Isaac et Ismaël cherchent leur place

Lorsque nous entrons dans la cour du MAHJ, Raphaël nous attend avec Aziza. Les élèves sont impressionnés par cette demeure construite au XVIIe siècle par une famille noble. La cour pavée, les murs en pierre blonde, les bas-reliefs, tout cela rappelle la majesté du Louvre ou la grandeur de Versailles, en plus sobre, malgré tout !

Des mains se lèvent pour poser des questions sur ce lieu. Il est difficile de répondre car il n'y a pas de lien direct entre cet hôtel particulier et l'histoire des Juifs de France. Raphaël tente alors un raccourci historique, pour aider les élèves à se situer dans cet espace et explique qu'à l'époque où il fut bâti, il n'y avait pas de Juifs à Paris.

Je questionne Raphaël pour permettre aux élèves de mieux comprendre : Pouvez-vous nous dire pourquoi, car je crois savoir que des Juifs ont habité Paris au Moyen Âge.

– Bien sûr, indique Raphaël. Les premiers Juifs qui se sont installés dans notre pays ont tout d'abord rencontré des… Gaulois ! Plus tard, au Moyen Âge, de nombreux Juifs ont vécu dans toute la France. Des rabbins célèbres vivaient à Paris, Corbeil, Évreux, Troyes…

– Même en Bretagne ? demande Gwenaëlle, intéressée.

– Eh oui ! affirme Raphaël. D'ailleurs, de nombreuses bourgades ou villes ont conservé une *rue des Juifs* ou *rue de la Juiverie* qui date de cette époque. Plus tard, en 1394, le roi Charles VI a expulsé définitivement les Juifs de France. Il n'y avait officiellement en France plus que des chrétiens.

– Alors, il n'y avait même pas de musulmans ? lance Slimane, surpris.

– On pense que des Arabes venus d'Espagne ont conquis des territoires jusqu'à leur défaite à Poitiers en 732, précise Aziza. Ensuite, certains ont dû repartir, d'autres se seraient peut-être établis dans le royaume de France, mais seraient devenus chrétiens, car à cette époque, les pays d'Europe ne connaissaient pas la liberté religieuse. Autour de la Méditerranée, il y avait deux mondes distincts : le monde chrétien et le monde musulman.

– Mais où était le pays des Juifs ? s'enquiert Martin.

– Depuis la défaite contre les Romains en 135 après Jésus-Christ, les Juifs avaient définitivement perdu leur pouvoir en Terre d'Israël. Depuis lors, ils vivaient en minorité dans de nombreux pays, précise Raphaël.

– Mais notre pays, c'est Israël ! déclare Samy.

La riposte de Sami ne se fait pas attendre : Israël ? En vérité, c'est la Palestine, et elle nous appartient !

Je reprends calmement la parole : Mais dites-moi, dans quel pays vivez-vous tous les deux ?

– Ben, en France ! répliquent-ils ensemble.

Je poursuis : Et vous n'êtes pas français ?

– Si, bien sûr !

Sûre de cette réponse, mais ravie qu'elle soit si enthousiaste, j'en viens à ce que je voulais leur expliquer : Vous voyez, contrairement à ce qui se passait à l'époque dont nous parlons, aujourd'hui, des personnes de toute religion peuvent vivre en France. Non seulement, il n'y a plus de religion d'État, mais nous bénéficions de la liberté de culte. Si vous vivez, grandissez, étudiez et travaillez en France, alors vous êtes français. Cela ne vous empêche pas d'être également attachés à un autre pays.

Aziza intervient à son tour : C'est une chance pour nous tous, n'est-ce pas ? Même si ce n'est pas toujours facile de vivre ensemble.

– C'est pour cela qu'il est important de parler ensemble et de comprendre les cultures et les religions que nous ne connaissons pas, complète Raphaël. Après tout, c'est aussi la raison pour laquelle nous sommes ici.

Le temps est limité, j'invite tout le monde à aller à la rencontre de Marthe. Gwenaëlle freine alors mon élan :

– Mais, madame, Raphaël ne nous a pas dit quand les Juifs étaient revenus en France !

Je presse Raphaël : Pouvez-vous nous le dire en quelques mots ?

– Oui. Dans les territoires conquis par les rois de France après l'expulsion, en Alsace, par exemple, les Juifs n'ont pas été chassés, ils étaient « tolérés ». Mais ils n'avaient pas le droit de s'installer à Paris. Ce n'est qu'avec la Révolution française, lorsque les Juifs sont devenus citoyens, le 21 septembre 1791, qu'ils ont retrouvé la liberté de s'établir où bon leur semblait. Ai-je répondu à ta question ?

Gwenaëlle rougit : Oui, Monsieur.

Marthe nous attendait dans la troisième salle du musée. Volontairement, elle s'est placée devant une vitrine contenant de drôles d'instruments : petit couteau, bande de tissu, vêtement de nourrisson.

Elle se présente : Bonjour les enfants. Vous connaissez certainement mon nom, je suis professeure d'histoire et Juliette m'a demandé de venir à votre rencontre car j'ai fait un travail sur les représentations iconographiques du sacrifice d'Abraham. Je vais vous accompagner dans votre visite pour vous donner quelques explications.

Histoire des Juifs en France du XIXe au XXIe siècle

La Révolution française a accordé l'émancipation aux Juifs. Au XIXe siècle, ils viennent alors de Pologne, de Russie, de Lituanie, de Grèce ou de Turquie pour vivre libres dans notre pays. Un proverbe juif dit : *Heureux comme Dieu en France !* Beaucoup étaient artisans et se sont installés dans le Marais, où les hôtels particuliers des familles nobles étaient devenus des ateliers et des appartements souvent pauvres et surpeuplés. Dans les années 1930, des Juifs allemands sont venus se réfugier en France. Dans les années 1950-1960, de nombreux Juifs d'Afrique du Nord sont venus s'y établir à leur tour.

– Qu'est-ce que ça veut dire *iconographique* ? la questionne Marie.

– Des illustrations de toutes sortes : peintures, dessins, gravures, répond Marthe.

Je décide d'entrer rapidement dans le vif du sujet. J'interroge Marthe à mon tour : Peux-tu nous dire si l'on trouve des illustrations dans les trois religions monothéistes ?

– Oui, mais pour les Juifs et les musulmans, il existe un interdit absolu de représenter Dieu. On trouve alors des figures géométriques, des plantes, des animaux, et même, parfois, des êtres humains. Les chrétiens, de leur côté, ont développé un art sacré très important que l'on retrouve dans les églises, les livres de prières, les tableaux des grands peintres. Je vous ai préparé plusieurs exemples d'illustrations dans la bibliothèque, conclut-elle, à l'adresse des élèves.

La conversation est sérieuse et quelques enfants semblent plus intéressés par les instruments de la vitrine que par les explications de Marthe. Le couteau notamment les fascine.

Les Arabo-musulmans en France

La présence des Arabes et des musulmans en tant que citoyens et résidents en France est récente. 12 500 tirailleurs et spahis algériens avaient été enrôlés pour faire la guerre de Crimée en 1854. Entre 1915 et 1918, 132 321 Maghrébins furent recrutés par l'État pour fabriquer du matériel de guerre ou assurer le transport, l'intendance et autres travaux de terrassement. Par ailleurs, 173 000 soldats algériens ont participé au combat ; 25 000 sont morts. En août 1944, à la veille du débarquement allié en Provence, l'effectif des forces françaises était de 550 000 soldats dont 80 000 étaient africains et 400 000 maghrébins.

La mosquée de Paris a été construite dans les années 1930 en signe de reconnaissance aux musulmans morts pour la patrie.

Marthe se tourne alors vers eux : Je vois que certains parmi vous regardent ce petit couteau. Ce n'est pas par hasard que je vous ai donné rendez-vous devant cet instrument. Savez-vous à quoi il sert ?

Suit un moment de silence, puis Fatoumata se hasarde : C'est peut-être le couteau du sacrifice ?

– Avec un p'tit couteau comme ça, il ne lui aurait même pas fait une égratignure ! indique Pablo en connaisseur.

Tout le monde rit, même les adultes qui, eux, connaissent l'usage qui est fait de cet instrument.

Marthe se tourne alors vers Raphaël : Pouvez-vous nous donner la solution de cette énigme ?

L'émigration

L'émigration des travailleurs, dont les enfants forment aujourd'hui les générations de citoyens français d'origine arabo-musulmane, s'est faite entre 1945 et la fin des années 1970. Ces travailleurs étaient recrutés dans leurs pays d'origine pour combler le manque de main-d'œuvre, notamment pour l'industrie lourde et automobile. En 1972, la loi promulguée sur le regroupement familial a permis à un grand nombre de ces travailleurs de faire venir leurs familles et de s'installer en France.

– D'accord. Qui sait parmi vous ce qu'est la circoncision ?

Les garçons se regardent, gênés ; Sami et Samy deviennent écarlates, et les filles rient sous cape.

Leïla, avec un large sourire : Moi, je sais. Mon frère a été circoncis l'année dernière. On lui a coupé le bout du zizi !

Sami, Samy, Slimane et d'autres s'écrient, vexés : Mais non, c'est pas ça !

– Vous avez raison, ce n'est pas exactement cela, confirme Raphaël. En réalité, on coupe le prépuce, une peau très souple qui recouvre et découvre le bout du sexe des garçons. Le TaNaKH nous dit que Dieu a demandé à Abraham de se circoncire pour porter un signe d'alliance sur son corps. Dieu lui a demandé de circoncire aussi son fils Ismaël, qui avait 13 ans. C'est à cet âge que les garçons musulmans sont circoncis, n'est-ce pas ?

– Non, pas tout à fait, corrige Aziza. La circoncision est conseillée tant que le garçon est encore petit, mais il ne faut pas dépasser l'âge de 13 ans. Pour les Juifs, je pense qu'elle doit être pratiquée au huitième jour après la naissance, non ?

– Exact. Isaac fut le premier garçon circoncis à l'âge de 8 jours. Juifs et musulmans, nous avons gardé cette pratique, les chrétiens l'ont abandonnée, informe Raphaël.

On entend alors un grand *Ouf* de soulagement venant de Pablo, Martin et d'autres garçons...

Sami et Samy se regardent. Un sentiment de solidarité, là où ils ne l'attendaient pas, leur fait enfin percevoir un début de... Mais ce sentiment ne semble pas encore clair pour les deux garçons.

Marthe reprend : Maintenant que nous avons commencé à parler d'Ismaël et d'Isaac, allons dans la bibliothèque du musée pour en apprendre un peu plus à propos de leur relation avec Abraham.

Les élèves entrent et s'installent. Une jeune femme les accueille et prend la parole : Bonjour ! Je m'appelle

Isabelle et suis responsable de la bibliothèque du MAHJ. Grâce à votre visite ici, j'ai fait la connaissance de Marthe, et nous avons choisi ensemble des illustrations sur cet épisode de l'histoire d'Abraham appelé couramment *Le sacrifice d'Abraham*. Vous avez sans doute un certain nombre de questions à poser. Si votre professeure est d'accord, je resterai volontiers pour participer à votre travail.

J'accepte aussitôt.

Les élèves se dispersent calmement autour des images posées sur les tables de lecture. Dans leur regard, je remarque de l'intérêt et de l'étonnement. Ces reproductions de tableaux européens, de miniatures persanes ou turques, d'enluminures extraites de livres juifs montrent Abraham portant un couteau ou un glaive qu'il lève sur son fils. En dessous d'un texte écrit en hébreu, le père et le fils montent sur une colline, laissant derrière eux leurs serviteurs ; sur un dessin accompagné d'un texte arabe, le père et le fils sont seuls dans cette épreuve ; parfois, les yeux de l'enfant sont bandés, parfois, il est ligoté et posé sur un tas de bois, parfois encore, il est au sol, le visage contre terre. Sur toutes ces illustrations, les élèves remarquent deux personnages : un ange et un bélier.

Au bout d'un moment, je prie chacun de s'asseoir.

Julien demande la parole : Je ne comprends pas bien où se passe cette histoire. On voit Abraham et son fils tantôt dans le désert, tantôt sur une montagne, et même dans une église.

– Ta réflexion est juste, note Marthe. Les artistes qui ont fait ces œuvres ne nous racontent pas seulement l'histoire d'Abraham, ils nous donnent aussi leur interprétation de cette épreuve et reproduisent les personnages et les lieux tels qu'ils les voient.

Naïma : Comme si aujourd'hui, on faisait une photo d'Abraham et de son fils habillés comme nous ?

Je félicite Naïma pour sa perspicacité et je poursuis : la dernière fois, Sami et Samy souhaitaient s'exprimer sur l'histoire d'Ismaël et d'Isaac. *(Me tournant vers eux.)* Je voudrais que vous expliquiez à vos camarades ce que vous savez sur le sacrifice d'Abraham de façon à les éclairer sur cette histoire. Ismaël étant le fils aîné, je laisse la parole à Sami.

Sami observe le groupe avec attention, puis il commence : Avec mon père, j'ai lu l'histoire du sacrifice dans le Coran, il y a même une sourate intitulée *Ibrahim*. Lors d'une de ses visites à Hagar et à Ismaël, Ibrahim fait un rêve où Allah lui ordonne de sacrifier son fils.

– Tu veux dire Ismaël ? demande Slimane.

Sami le regarde et répond : Le Coran ne le dit pas, mais on sait qu'il s'agit d'Ismaël parce qu'il est l'aîné. Ibrahim est troublé par ce rêve. Il le raconte à son fils en lui demandant de réfléchir avec lui. Courageusement, Ismaël accepte l'ordre d'Allah et ils partent tous les deux à Mina.

– C'est où, Mina ? l'interrompt Marie.

– Mon père m'a dit que c'était un lieu proche de La Mecque, réplique Sami. Il y est allé quand il a fait le pèlerinage. Là-bas, Ibrahim couche Ismaël face contre terre et s'apprête à le sacrifier…

Marie l'interrompt encore : Le sacrifier, mais c'est le tuer !

Sami, agacé : Mais oui ! Et arrête de m'interrompre ! Tu me fais oublier la fin de l'histoire… Voilà, au moment où il lève son couteau, Ibrahim entend une voix qui lui dit : *Ô ! Ibrahim, tu as cru la vision !* et l'ange Gabriel offre à Ibrahim un bélier venant du paradis pour être sacrifié à la place d'Ismaël. C'est pourquoi, à l'Aïd El-Kébir, nous tuons un mouton pour nous rappeler le sacrifice d'Ibrahim.

J'invite Samy à prendre la parole à son tour : Très bien, maintenant, nous écoutons Samy qui va nous dire ce qu'il a trouvé dans sa tradition.

– En vérité, explique Samy en me regardant, j'ai lu avec mon père que Dieu a demandé à Abraham de sacrifier son fils préféré, Isaac.

– Tu as lu ça dans le Coran ? lui demande Marie, visiblement troublée.

– Vraiment, tu ne comprends rien ! Moi, je ne lis pas le Coran. J'ai lu ça dans la Torah. (*Et il poursuit, très concentré.*) Abraham part avec son fils vers le mont Moryah. Après trois jours de marche, ils arrivent sur le lieu du sacrifice et Isaac s'étonne de ne pas voir l'animal qui doit être sacrifié, car il ne sait pas ce que Dieu a demandé à son père. Abraham lui répond que Dieu choisira lui-même l'agneau qui doit être tué. Puis Abraham attache son fils, mais au moment où il lève son couteau, une voix l'appelle : *Avraham, Avraham ! Ne porte pas la main sur ton fils.* À ce moment-là, il voit un bélier qui s'est emmêlé les cornes dans un buisson et il le sacrifie.

Marthe, curieuse, demande aux deux garçons : Vous avez lu le texte avec votre père. L'avez-vous lu en français ou en arabe et en hébreu ?

– En arabe !

– En hébreu !

Pablo semble impressionné : Ouah ! vous savez parler ces langues ?

– Mes parents m'ont appris, lui répond Samy.

– Les miens aussi, confirme Sami.

Naïma, s'adressant à moi : Madame, est-ce que je peux dire ce que je pense de cette histoire ?

Je le lui autorise volontiers.

Le lieu de l'épreuve

Pour le judaïsme, le lieu de la ligature d'Isaac est le mont Moryah, à Jérusalem. Lorsque Dieu s'adresse à Abraham pour lui demander de sacrifier son fils, Il dit : ... *Va vers toi, vers la terre de Moryah et élève-le là, vers l'une des montagnes que Je t'indiquerai* (Genèse, chapitre 22, verset 2). Après le sacrifice du bélier, *Abraham nomme cet endroit Adonaï-Yir'è* (Dieu verra), *qui est appelé aujourd'hui « Sur le mont de Adonaï-Yèra'è* (Dieu sera vu) » (Genèse, chapitre 22, verset 14).

– Je trouve tout cela cruel, déclare-t-elle. Pourquoi Dieu demande-t-il à Abraham de tuer son fils ? Et en plus, le fils se laisse faire. Moi, je n'aurais jamais accepté.

– Je comprends que tu sois choquée, la rassure Marthe. L'histoire est violente, mais tout cela est symbolique. (*S'adressant alors à l'ensemble de la classe.*) Je suis sûre que vous avez tous remarqué que cette histoire n'est pas simple, ni pour le père, ni pour son fils. Maintenant, qu'avez-vous retenu de ces récits ?

– Ils ne sont pas très différents, remarque Fatoumata. Ce n'est pas le même enfant, c'est tout.

– Il y a un père qui a demandé l'avis de son fils et un père qui n'a rien dit, lance Audrey.

– Un des garçons est couché par terre et l'autre a été ligoté, conclut Moussa.

J'interpelle mes deux invités : Aziza et Raphaël, pouvez-vous nous expliquer ces différences ? Si je me souviens bien, il y a un conflit d'héritage, c'est-à-dire que Juifs et musulmans affirment chacun que leur ancêtre a été le fils préféré de son père et aussi celui qui aurait dû être sacrifié.

Marthe intervient : Avant d'arriver à ce point délicat, j'ai une question à poser aux élèves. Dites-moi, on parle du sacrifice d'Abraham, mais ce sacrifice a-t-il eu lieu ?

Le lieu du Temple

La tradition raconte que c'est sur le mont Moryah que Salomon a fait construire le Temple en 961 avant J.-C et que les Hébreux, génération après génération, sont venus prier. Le Temple fut détruit par Nabuchodonosor, roi de Babylonie, en 586 avant J.-C puis reconstruit en 516 avant J.-C. Il est rénové par Hérode en 19 avant J.-C, et détruit à nouveau par les Romains en 70 après J.-C.

Noémie hésite à répondre : Non. Enfin, oui... Mais c'est un animal qui a été tué.

– C'est juste, indique Raphaël. D'ailleurs, la tradition juive ne parle pas de sacrifice mais de *ligature d'Isaac*, *"Aqèdate Yitshaq*. C'est un bélier qui a été sacrifié et la religion juive a gardé comme instrument de musique la corne de bélier, dans laquelle on souffle lors de deux fêtes importantes.

– Mais Isaac ne savait pas comment l'histoire allait se terminer et il s'est laissé faire, remarque Moussa. Moi, je suis d'accord avec Naïma, je ne me serais pas laissé faire.

– Ce qui est étonnant, note alors Raphaël, c'est que la tradition juive raconte qu'Isaac avait 37 ans.

– 37 ans, et il ne s'est même pas défendu ?! s'écrie Moussa, incrédule.

Raphaël poursuit : Dans les deux récits que vous ont racontés vos camarades, le fils est consentant : Ismaël donne son accord et Isaac marche à côté de son père. Vous savez, à cette époque, les sacrifices humains existaient. Un père pouvait sacrifier son fils s'il pensait que cela plairait à son dieu. C'était vécu comme un honneur.

– Mais finalement, ce n'est pas le fils qui est sacrifié ? demande Noémie, un peu perdue.

– C'est la grande révolution de ce texte, explique Raphaël. On pensait que Dieu voulait le sacrifice de l'enfant. En réalité, il veut montrer à Abraham, qui a totalement confiance en Lui, que les sacrifices humains sont interdits, que les pères ne doivent plus sacrifier leurs enfants.

La mosquée de Jérusalem : lieu saint de l'islam

Après la conquête arabo-musulmane, le calife Abd el-Malik fit construire en l'an 691 le Dôme du Rocher ; sous sa coupole dorée, se trouve un rocher considéré par les Juifs et les chrétiens comme le lieu du sacrifice. Selon la tradition musulmane, c'est depuis ce rocher que Mohammed est monté au ciel et c'est là où il a prié avec les prophètes qui sont descendants d'Abraham. Le Coran nomme ce lieu *masjid*, c'est-à-dire mosquée. Le prophète Mohammed a dit : *Le musulman doit faire le pèlerinage vers trois lieux : la mosquée sainte de La Mecque, ma mosquée et celle de Baït Al-maqdis (Jérusalem).*

– Mais, de quel enfant s'agit-il ? Ismaël ou Isaac ? demande Fatoumata subitement désorientée.

C'est Aziza, jusque-là silencieuse, qui intervient : La version du TaNaKH et celle du Coran ne sont pas identiques. Comme l'a dit Sami, le Coran ne précise pas le nom de l'enfant promis au sacrifice, alors que le TaNaKH dit que c'est Isaac. La tradition musulmane pense qu'il s'agit d'Ismaël.

Le TaNaKH est très clair, précise Raphaël. Dieu dit : *Prends ton fils, ton unique, celui que tu aimes, Isaac*[1]. Mais le *midrach* complète ce texte par les réponses d'Avraham : *Prends ton fils. – Lequel ? – Ton unique. – L'un est unique pour sa mère, l'autre pour la sienne. – Celui que tu aimes. – J'aime celui-ci et j'aime celui-là. – Isaac.* Cette demande est d'autant plus incompréhensible pour Avraham que Dieu lui a promis qu'Isaac deviendrait père à son tour. Mais peu importe, dans le fond, nous disons la même chose dans les deux textes : Abraham fait preuve d'une grande confiance.

Je ne peux retenir cette réflexion : Mais il accepte de tuer son fils, quand même ! D'ailleurs, Jésus aussi a été sacrifié. Encore un père qui souhaitait la mort de son fils !

Marthe se tourne alors vers moi : Mais pour les chrétiens, tu sais que la mort de Jésus n'a de sens que parce qu'elle est suivie de sa résurrection. La vie triomphe de la mort. N'entrons pas dans une querelle entre croyants et non-croyants. Nous en reparlerons toutes les deux, si tu le veux bien…

Aziza ajoute une précision : Oui, je suis d'accord avec Raphaël sur le fait que l'un des enjeux principaux de cette histoire est la confiance d'Ibrahim en Dieu. D'ailleurs, pour les musulmans, Ibrahim est surnommé خليل, *khalilou Allah*, c'est-à-dire *l'ami intime de*

Dieu. Allah ne veut pas de sacrifice humain car la vie est sacrée. Le sens de l'épreuve ne sera compris par Ibrahim et son fils qu'après cette expérience qui les mène au bout de leur confiance en Dieu.

– D'ailleurs, nous, les musulmans, nous sommes les enfants d'Ismaël, le fils aîné d'Ibrahim et notre religion est la dernière, elle efface donc toutes les autres ! déclare Sami avec fierté.

Samy bondit : Effacer, ça va pas, non ! Alors pourquoi les Juifs sont-ils toujours là ?

– Et les chrétiens, tu ne les aimes pas non plus ? demande Marie.

Je sens que la situation pourrait déraper à nouveau. Je leur demande de se calmer. Puis je me tourne vers Aziza et Raphaël : Qu'en dites-vous, avez-vous une réponse à nous apporter ?

Abraham dans le christianisme

Fidèles à l'enseignement de l'Ancien Testament, les chrétiens considèrent Abraham comme le Père des croyants. Pour les chrétiens, ce qui est annoncé dans l'Ancien Testament trouve son accomplissement dans le Nouveau Testament, spécifique au christianisme. Selon la théologie chrétienne, les trois visiteurs sous l'aspect desquels Dieu s'est montré à Abraham au chêne de Mambré, sont en réalité le Dieu Unique, en trois Personnes : Père, Fils et Saint Esprit.

Aziza commence, de sa voix apaisante : On peut continuer éternellement à se disputer sur ce sujet : *Nous sommes les vrais héritiers, nous détenons la vérité, nous sommes les meilleurs...* Cette attitude ne peut conduire que vers des conflits sans fin. Et puis il faut se poser une question primordiale : La différence doit-elle toujours conduire au conflit ? Un intellectuel juif contemporain a dit à ce propos : *La séparation et la distinction ne signifient pas nécessairement exclusion ou dévalorisation mais respect des différences et valeurs de chaque culture existante*[2].

Raphaël attire l'attention des élèves : Il faut lire les textes. Moi-même, j'ai découvert dans le Coran un verset qui dit : *Si Dieu l'avait voulu, vous auriez formé une seule communauté ayant la même foi*[3]. Comme dans chaque famille, les descendants ont des représentations différentes de leur ancêtre commun. Pour toi Sami, Avraham ne peut être qu'arabe et musulman. Et pour toi Samy, Ibrahim ne peut être que le premier des Hébreux, à la source du judaïsme. Pour Marie, il est sans doute l'ancêtre de Jésus-Christ, il est le Père des Croyants. Aziza et moi pensons que le meilleur sera celui qui laisse de la place à l'autre et essaie de le comprendre.

Le sacrifice d'Abraham pour les chrétiens

Le sacrifice demandé par Dieu à Abraham préfigure la mort du Christ, condition de la résurrection. De la même façon que Dieu a donné à Abraham un bélier à sacrifier pour le salut d'Isaac, Il a donné son Fils, désigné comme l'agneau de Dieu, en sacrifice pour le salut de l'humanité. Le Christ-Dieu, en revêtant l'humanité, assume jusqu'à ses ultimes conséquences la condition humaine séparée de Dieu par le péché. Grâce à cette mort librement consentie, Jésus-Christ ressuscite, et avec Lui la nature humaine qu'Il soustrait ainsi à la fatalité du péché.

Aziza complète alors son propos : Raphaël est juif, je suis musulmane ; nous ne faisons pas la course pour savoir qui est le véritable héritier. Nous préférons penser que la vraie richesse est d'hériter d'Abraham chacun à notre façon.

Pablo a l'air pensif. Il demande la parole : Je crois qu'on a oublié quelque chose. Avec ce couteau, Abraham a aussi coupé la corde avec laquelle il avait attaché son fils Isaac.

– Tu as raison Pablo, dit Raphaël. Avant cette scène terrible, Avraham pouvait penser que son fils lui appartenait. Il le libère de ses liens et le considère comme une autre personne. Isaac a maintenant sa place dans la famille, il est responsable de la transmission de ce que son père lui a enseigné.

– Il en est de même pour Ismaël, déclare Aziza. Il est devenu le père d'un peuple, les Arabes, et leur a transmis la foi de son père.

Je reste perplexe : Alors, pourquoi ne pas vous mettre d'accord et raconter la même histoire ?

C'est Aziza qui me répond la première : Ibrahim est notre ancêtre commun. Les Juifs font passer son enseignement par son fils Isaac et les musulmans par son fils Ismaël. Avons-nous besoin de nous battre pour savoir qui a raison ? L'important est que nous soyons d'accord sur les leçons que nous en tirons.

Raphaël tente une comparaison : Entre cousins, on n'est pas toujours d'accord. Chacun voudrait que le grand-père commun soit comme lui-même, le premier Hébreu ou le premier musulman. Je ressens fortement qu'Abraham fait partie de ma famille et je comprends qu'Aziza ressente la même chose.

Je me tourne alors vers Martin, qui a l'air songeur : Martin, tu n'as rien dit aujourd'hui, l'histoire ne t'intéresse pas ?

– Franchement, les religions n'aiment pas les garçons. D'abord, il faut les circoncire, ensuite, il faut les sacrifier. Chez les Juifs et les musulmans, il vaut mieux être une fille, me répond-il.

La classe part d'un grand éclat de rire.

– C'est la première fois que j'entends une telle opinion ! lance enfin Aziza, en souriant. En général, les gens pensent que les religions privilégient plutôt les garçons aux dépens des filles… et c'est vrai en un sens.

– Ah oui, ça je le sais, s'exclame Naïma, visiblement concernée par le sujet.

Étonnée, je l'interroge : Pourquoi dis-tu cela, Naïma ?

– Parce qu'à la maison, mes frères sont de vrais petits rois pendant que mes sœurs et moi devons aider notre mère, explique-t-elle. Et encore, ce n'est rien. Ce qui m'agace le plus, c'est que mon grand frère veuille nous surveiller et nous dire ce que nous devons faire. Il embête ma grande sœur, mais il n'aura pas intérêt à se mêler de mes affaires !

Aziza tient à faire un point sur le sujet : Je peux vous confirmer que la religion exige que les filles, tout comme les garçons, soient aimés et élevés à égalité par leurs parents. Par exemple, l'islam demande que chaque enfant ait un foyer, une famille et un nom. Mais il existe aussi des lois qui donnent à la femme un statut inférieur par rapport à l'homme.

– Comme dans le judaïsme, indique Raphaël. Tout cela peut évoluer, il ne faut pas que les textes restent figés.

Je fais un parallèle : Dans l'histoire de notre pays aussi, les femmes ont dû se battre pour gagner l'égalité des droits. Et ce n'est pas fini.

Julien s'adresse alors directement à Aziza : Mais madame, les filles qui portent le foulard, c'est leurs parents qui les obligent ?

– Certaines filles le portent parce que c'est ainsi qu'elles souhaitent vivre l'islam, les unes contre la volonté de leurs parents, les autres obéissent à leurs parents qui pensent que cette tenue fait partie de l'éducation islamique. Pour moi, la foi et la pratique religieuse imposées n'ont pas de sens.

J'interviens afin de marquer la position de l'école : De toute façon elles n'auraient pas le droit de le porter en classe.

– Raphaël m'a parlé un jour d'une phrase du Talmud qui s'appliquerait bien à ce que vous dites Juliette, me dit Aziza :

– *Dina dè-malkhouta dina*, répond Raphaël. C'est de l'araméen et cela veut dire : *La loi du pays est la loi.*

– Mais pourquoi les coutumes sont-elles défavorables aux filles ? poursuit Noémie.

– Dans de nombreuses cultures, les traditions reconnaissent aux garçons plus de liberté et imposent aux filles plus de contraintes, explique Raphaël. Des spécialistes cherchent à en comprendre les raisons, ils ne sont pas tous d'accord sur les réponses à donner.

Noémie insiste : Les religions parlent-elles des droits des enfants ?

– Dans toute civilisation, les enfants sont l'avenir d'un peuple ou d'une culture, rétorque Raphaël. Il faut donc leur transmettre des connaissances et aussi veiller à leur éducation. D'ailleurs, un grand sage du Talmud, Yèhouda ha-Nassi, a dit que *le monde ne se maintient que grâce au souffle des enfants qui vont à l'école*[4]. Leur responsabilité est grande puisque *lorsqu'il n'y a pas de justes dans une génération, alors ce sont les enfants en âge d'aller à l'école qui sont responsables pour la génération*[5]. Mais le but de toute religion est aussi de transmettre aux enfants ses propres valeurs.

– À leur manière, ces deux religions ont voulu améliorer la façon dont on s'occupe des enfants, ajoute Aziza. Le Coran a interdit une pratique barbare qui existait chez les Arabes avant l'islam et qui consistait à enterrer les petites filles à leur naissance. Il a aussi dénoncé l'attitude de certains parents qui sont mécontents d'avoir des bébés filles. Il a déterminé la période de l'allaitement des bébés et ordonné de prendre en charge les enfants orphelins.

– Cela existe toujours, des parents qui n'aiment pas avoir des filles ? demande Marie.

– Oui, malheureusement, lui répond Aziza. Certaines cultures ont des préjugés tenaces contre les filles. Mais si toutes les familles n'avaient que des garçons, la génération suivante ne pourrait plus avoir d'enfants !

Je regarde ma montre et m'aperçois qu'il est déjà tard : cette fois encore, le temps est passé vite, il va falloir rentrer au collège.

Isabelle surprend mon geste et dit : Avant que vous ne partiez, je tiens à vous dire que je suis impressionnée par les questions que se posent les élèves. Moi-même, je connaissais vaguement la version coranique du sacrifice. Il est intéressant de constater combien les deux histoires sont semblables. Je comprends mieux l'importance de la querelle de famille entre Juifs et musulmans ; il n'y a rien de plus agaçant que ce qui vous ressemble tant mais n'est pas tout à fait identique ! Cela m'a donné envie d'en savoir plus sur les musulmans.

Pour sortir du musée, je conduis la classe à travers les salles d'exposition. Çà et là, des objets racontent la vie et les coutumes des Juifs. Dans une vitrine consacrée à ceux qui vivaient en Afrique du Nord, de jolies robes brodées et colorées habillent des mannequins. Elles attirent le regard de Sami et Samy.

Sami, s'adressant à Aziza : Madame, vous avez vu ? Ce sont les robes qu'on porte au pays pour les mariages.

– Tu as raison. Ta famille est d'origine tunisienne ? répond Aziza.

– Oui, mes parents sont nés à Dar Chaabane, près de Tunis.

Samy interpelle alors Aziza : Moi, à la maison, j'ai une belle photo de ma grand-mère dans une robe qui est presque comme celle-là.

– Alors, ta famille vient également de Tunisie ! constate Aziza.

– Oui, la famille de mon père est de Nabeul.

Race et racisme

Le mot *race* apparaît en français vers 1500, il signifie alors *famille*. Ce n'est qu'après 1750 qu'il prend le sens de *groupe humain*. Le mot *racisme* apparaît en 1902 et décrit une théorie qui a essentiellement cherché à classer les races, prétendant que certaines seraient supérieures à d'autres. L'une de ces origines est le livre écrit par le Français Gobineau, *Essai sur l'inégalité des races humaines*, en 1853-1855. L'idée que les êtres humains seraient divisés en races d'après leur couleur de peau – blanche, jaune, noire – n'est pas juste du point de vue des sciences. On ne compte qu'une seule race humaine dont la couleur varie du plus clair au plus foncé suivant la quantité de mélanomes contenus dans la peau.

Surprise, elle le regarde : C'est à côté de Dar Chaabane !

– Je sais, dit Samy. Mais la famille de ma mère vient de Hongrie. Ils sont arrivés en France en 1930.

Les deux garçons se sentent proches d'Aziza et poursuivent leur périple à travers le musée à ses côtés. S'arrêtant devant la vitrine consacrée à l'affaire Dreyfus, ils remarquent des dessins au crayon qui représentent des personnages avec de gros nez, des doigts crochus, de l'or plein les poches.

– Qui a fait ces dessins ? demande Sami. Ce sont des Juifs qui sont dessinés ?

– Oui, lui répond Aziza. Ces caricatures ont été faites par des dessinateurs antisémites.

– Madame, vous trouvez que je leur ressemble ? demande Samy, inquiet.

Sami, coupant la parole : Mais non.

Aziza leur donne alors quelques explications : Ce sont des caricatures faites par des personnes qui n'aimaient pas les Juifs et les accusaient d'être la source de tous les problèmes de la société. Ces personnes sont des antisémites. Vous voyez, les garçons, on peut déformer l'image

L'antisémitisme

Le mot *antisémitisme* apparaît en Allemagne en 1886 et définit une attitude de rejet des Juifs. Selon les époques et les pays dans lesquels vivent les Juifs, l'antisémitisme prend un aspect différent : antisémitisme religieux (anti-judaïsme) des Romains ou de l'Église ; antisémitisme racial du nazisme ; antisémitisme économique et politique des sociétés capitalistes ou socialistes qui accusaient les Juifs d'être soit de dangereux révolutionnaires communistes, soit des capitalistes sans foi ni loi ! L'image négative du Juif est celle de « l'autre », celui qui n'est pas comme tout le monde et que l'on soupçonne de posséder un pouvoir puissant et occulte.

de l'autre avec des dessins, comme avec la parole. Par exemple, on entend dire que les Arabes sont traîtres et voleurs ou que les Juifs sont riches et avares. Cela fait mal, n'est-ce pas ?

La gêne se lit dans l'attitude des deux compères. Leurs regards se croisent, ils baissent les yeux.

Notes

1. Genèse, chapitre 22, verset 2.
2. Armand Abécassis in *Puits de guerre, sources de paix,* Éditions du Seuil, 2003, p. 47-48.
3. Verset 93, sourate 16.
4. Talmud, traité Chabbath, ordre Mo'èd, *in* Guide et lexique, vol. 1, édition Steinsaltz, Jean-Claude Lattès, 1994.
5. *Idem.*

Où l'on constate que vivre ensemble n'est pas toujours facile…

Pour la dernière rencontre avec Aziza et Raphaël, j'ai demandé à quelques élèves de préparer deux exposés : un premier sur l'agriculture et l'élevage au pays de Canaan à l'époque d'Abraham et un second sur l'histoire des villes anciennes et le commerce à la même époque.

Les élèves sont impatients de revoir leurs deux « invités ». Ils vont pouvoir montrer les panneaux d'affichage qu'ils ont confectionnés à la suite de leurs visites et pour leurs exposés car cette fois-ci, la rencontre a lieu dans notre salle de classe.

À l'entrée d'Aziza et de Raphaël, tout le monde se salue joyeusement. Les élèves rejoignent leur place pendant que leurs invités admirent les différents panneaux.

– Je suis très impressionné par la qualité de vos travaux, déclare Raphaël. Bravo !

Les élèves se sont en effet beaucoup appliqués. Je suis très satisfaite. Deux groupes ont préparé de nouveaux exposés que nous allons écouter aujourd'hui. Je propose que Martin, Noémie et Slimane commencent.

C'est Noémie qui prend la parole : Nous devons parler de l'agriculture et de l'élevage. Nous avons cherché des renseignements dans notre livre d'histoire et dans une encyclopédie au CDI. Nous avons trouvé que les cultures traditionnelles étaient le blé et l'orge, la vigne, les figues et les olives. En hiver, le climat était doux et un peu pluvieux. Parfois, il neigeait dans les montagnes. En été, il faisait chaud et aucune pluie ne tombait de mai à octobre. Comme il y avait beaucoup de collines, les agriculteurs construisaient des terrasses. Ils creusaient aussi de grandes cuves pour garder l'eau.

– Les animaux d'élevage étaient les chèvres et les moutons, poursuit Martin. Les ânes servaient à transporter les charges et, comme les bœufs, ils tiraient les charrues. Mais nous avons aussi lu que les Hébreux mangeaient des sauterelles et j'ai trouvé ça bizarre, car je croyais que les Hébreux mangeaient *cachère*.

– Tu as raison, l'encourage Raphaël. Les lois sur l'alimentation sont apparues avec Moïse ; elles nous indiquent ce qu'il est permis ou interdit de manger d'après la Torah.

– Ah oui, c'est vrai, se souvient Marine, les Juifs ne mangent pas comme nous. La Torah donne des recettes ?

– Ce n'est pas un livre de cuisine, insiste Raphaël. La Torah précise quelles sont les espèces autorisées à être mangées : *Tout ce qui a le pied corné et divisé en deux, parmi les animaux ruminants, vous pouvez le manger*[1], ou encore : (…) *tout ce qui, dans les eaux, est pourvu de nageoires et d'écailles, vous pouvez en manger*[2]. Parmi les oiseaux et les insectes aussi, des espèces sont autorisées, comme les sauterelles, d'autres sont interdites.

– Comment doit-on les tuer ? demande Martin. Je n'ai rien trouvé là-dessus.

Raphaël explique : Il existe des règles très précises.

– Moi, je n'aime pas que l'on fasse souffrir les animaux, déclare Fatoumata, indignée.

Aziza intervient pour la rassurer : Il existe de nombreux textes religieux qui indiquent aux humains comment se comporter avec les animaux. Te souviens-tu, Raphaël, des textes de nos deux traditions que nous avons comparés ?

> Nourriture *cachère* / nourriture *hallal* - définitions
>
> *Cachère* ou *cacher*, en hébreu, signifie *apte, correct*. La *Cacheroute* est l'ensemble des lois sur l'alimentation.
>
> *Hallal,* en arabe, signifie *licite, bon.*

– Tu penses à la sourate *Les Troupeaux*[3], qui parle de l'agriculture et de l'élevage. J'ai bien aimé l'idée qu'Allah demande de veiller sur les fruits, les légumes, les animaux que nous mangeons et domestiquons, et de partager tous les bienfaits dont l'homme profite sur Terre.

– Je pense aussi au texte de la Torah qui interdit d'atteler ensemble un âne et un bœuf, précise Aziza, car la différence entre les deux ferait souffrir le plus faible, et à celui du Talmud qui explique qu'il ne faut pas acquérir un animal si l'on n'a pas assez d'argent pour l'entretenir, ou encore qu'un éleveur doit nourrir ses bêtes avant lui-même car l'être humain comprend qu'il mangera plus tard[5].

Madame, vous avez lu la Torah ?! demande Sami.

Samy regarde Raphaël avec la même interrogation dans les yeux : Avez-vous lu le Coran ?

La nourriture *cachère*

Le Talmud explique comment abattre les quadrupèdes autorisés. L'animal doit être en bonne santé et doit souffrir le moins possible. Il est égorgé au niveau de l'œsophage et de la trachée-artère avec un couteau ; le cerveau se vide rapidement de son sang, le système nerveux ne peut plus transmettre de signaux de douleur. L'animal doit être totalement vidé de son sang, *car le sang c'est la vie, et tu ne dois pas absorber la vie avec la chair*[A]. Les règles concernant l'alimentation invitent les croyants à respecter l'environnement (pas de gaspillage des ressources) et le corps, qui sont des créations divines. Pour signifier le caractère spirituel de la nourriture, les croyants récitent une prière avant et après le repas.

– Pour pouvoir répondre à vos questions, Raphaël et moi avons étudié ensemble des textes du TaNaKH et du Coran. Cela a été très instructif. En relisant *Jadis, fut révélée par Nous la Torah pour servir de guide et de lumière*[6], j'ai réalisé qu'il était important de nous souvenir du lien entre judaïsme et islam.

– Ce qui m'a frappé, continue Raphaël, c'est la grande proximité entre le texte du Coran et les *midrachim*. Le style, les histoires, les enseignements sont quasiment identiques.

– Mais Monsieur, ce n'est pas pareil. Les Juifs et les musulmans n'ont pas la même religion ! s'étonne Samy.

– Ce n'est pas ce que nous voulons dire, lui répond calmement Raphaël. Tu sais, Samy, on ne doit pas avoir peur de ressembler à l'autre, ni le mépriser pour ses différences.

– Samy, insiste Aziza, ne laisse jamais personne te dévaloriser pour ce que tu es. La découverte de la tradition juive a été un enrichissement pour moi. Je me réjouis de nos points communs, mais aussi de nos différences.

Sami est formel : Il faut savoir, soit on est pareil, soit on est différent !

– Sami, le reprend Raphaël, grâce à Aziza, j'ai découvert ce que tu apprends avec tes parents sur notre ancêtre Avraham. Je me sens plus proche de toi maintenant et comprends mieux combien tu l'aimes. Nous sommes pareils sur certains points, différents sur d'autres.

Et Aziza de conclure : Comme tout le monde, tu n'as pas à rougir de tes origines, Sami. Mais attention à l'arrogance car elle pousse au mépris de l'autre. D'ailleurs j'aimerais bien dire à tous que lorsqu'on insulte quelqu'un, on se dévalorise soi-même parce qu'on l'invite à nous répondre sur le même registre.

La nourriture *hallal*

Les lois qui régissent l'alimentation *hallal* des musulmans ressemblent à celles de l'alimentation chez les Juifs, mais elles prescrivent moins d'interdits. Les musulmans ont gardé les interdits sur le sang et la bête morte, c'est pourquoi ils égorgent les bêtes qu'ils consomment. Ils ne mangent pas de porc et ne boivent pas d'alcool ni de boissons enivrantes. Au début des repas, ils récitent une prière pour bénir leur nourriture et, à leur terme, une autre pour remercier Dieu. Les musulmans peuvent manger la nourriture *cachère*, car le nom de Dieu est évoqué lors de sa préparation.

Les deux garçons semblent très émus. D'autres élèves les regardent avec soulagement. Quelque chose s'est passé dans la classe qui rend l'air plus léger. Après un moment de silence, pendant lequel personne n'ose prendre la parole, j'interviens : Maintenant, vous comprenez mieux ce qu'est le droit à la différence et comment chacun peut garder sa place dans la société, et particulièrement à l'école, sans exclure les autres. Mais il faut revenir à l'exposé. Quelqu'un a-t-il une question à poser ?

– Moi, dit Gwenaëlle, chez ma grand-mère, j'ai trouvé un livre d'Histoire sainte dans lequel j'ai vu une image d'Abraham et Loth se séparant. Il y est écrit que Loth part avec ses bergers à la suite d'une dispute avec les bergers d'Abraham. Mais je n'ai pas bien compris pourquoi ils s'étaient fâchés. C'était aussi à cause de la religion ?

Aziza la renseigne : Les bergers de Loth et ceux d'Abraham se disputaient à cause des pâturages qu'ils devaient partager.

– Vraiment, tout le monde se dispute avec tout le monde dans cette histoire, constate Fatoumata : Sarah avec Hagar, Ismaël avec Isaac et maintenant Loth avec Abraham !

– Connais-tu une famille sans querelles ? lui demande alors Aziza. Les disputes, cela existe partout où des personnes vivent et travaillent ensemble. C'est humain...

Raphaël continue : Dites-moi, savez-vous qui a pris la décision de la séparation ?

– Je crois que c'est Abraham, répond Martin. C'était lui qui prenait les décisions.

– Tu as raison, acquiesce Raphaël, il était le chef de son clan. Ne trouvant pas de solution aux problèmes qui se posaient entre les bergers, Abraham dit à son neveu Loth : *Qu'il n'y ait donc point de querelle entre toi et moi, entre mes pasteurs et les tiens ; car nous sommes frères. (...) Si tu vas à gauche, j'irai à droite ; si tu vas à droite, je prendrai à gauche*[7]. C'est ainsi que Loth choisit les terres fertiles de la vallée du Jourdain. Pensez-vous qu'Abraham ait eu raison ?

– Oui, lance Mamadou. Moi, par exemple, je n'aime pas quand on se bat avec ceux d'une autre bande parce qu'ils veulent squatter notre territoire. Je préfère qu'on reste cool ; s'il faut bouger, on bouge.

– Ah ça, pas question ! Sinon, on va toujours se faire avoir, réplique Naïma.

J'essaie de recentrer l'attention sur notre sujet : Attention, ce n'est pas une histoire de bandes rivales. Essayez de nous dire cela autrement, replacez-vous dans l'époque dont nous parlons.

Slimane tente une réponse : Il a préféré renoncer à de bonnes terres plutôt qu'à la paix.

Décidément, la journée est intéressante mais rude ! me dis-je. Aziza et Raphaël échangent des regards entendus. Serions-nous arrivés sur le terrain délicat du conflit israélo-palestinien, qui mobilise les jeunes des communautés musulmanes et juives et rend parfois la vie si difficile aux enseignants ? J'aimerais aborder le sujet, je sens que le moment est propice ; ce que je pensais faire au début de l'année est peut-être possible aujourd'hui. Néanmoins, j'hésite à sauter le pas.

Je réfléchis, puis je me lance : À vrai dire, j'ai une question à vous poser. Choisir entre la terre et la paix, n'est-ce pas le dilemme qui déchire Israéliens et Palestiniens ? Je ne tiens pas à transformer le cours en tribune politique, ce n'est pas le lieu. Seulement, j'ai remarqué quelque chose lors de nos deux visites. À l'Institut du monde arabe, Israël n'était pas mentionné comme un État à part entière sur la grande carte qui se trouve dans le hall d'accueil…

Samy regarde en direction de Raphaël et sourit. *Même la prof l'a remarqué*, pense-t-il.

… et au musée d'Art et d'Histoire du judaïsme, j'ai consulté un atlas dans la bibliothèque et j'ai trouvé des cartes d'Israël, de la Méditerranée au Jourdain, sans référence à la Palestine. Quelle est la place des uns et des autres dans cette longue guerre qui oppose des descendants d'Ismaël à des descendants d'Isaac ?

Aziza se lance, prudente : Ah ! Nous sommes arrivés au cœur du sujet qui préoccupe tant de jeunes ; Juifs, musulmans ou autres. Nous ne pouvons pas vous apporter de réponses toutes faites mais, si Raphaël est d'accord, nous allons chercher des pistes en puisant dans l'expérience d'Ibrahim.

– Je suis entièrement d'accord, confirme Raphaël. Si je regarde ce qui se passe entre nos enfants qui s'insultent, se battent ou, au mieux, s'ignorent, il n'est plus temps de tourner autour du pot. Aziza et moi avons maintenant appris à mieux vous connaître et je voudrais poser une question à Sami et Samy et à tous ceux qui souhaiteraient y répondre : Qu'est-ce que cela signifie pour vous : *vivre en paix* ?

– C’est quand il n’y a pas de guerre, explique Martin.

– Oui, mais il faut aussi avoir de l’argent pour vivre tranquille, complète Fatoumata.

– Honnêtement, moi j’ai peur qu’il y ait un attentat dans le métro, indique Pablo. Quand on voit les images, c’est atroce de voir les blessés.

– La guerre, on ne la voit qu’à la télé, dit Marie. Moi, j’ai du mal à imaginer comment vivent les enfants dans un pays en guerre.

Aziza reprend : Je travaille avec des mères du monde entier, de cultures et de religions différentes, et nous luttons pour que les enfants ne soient pas impliqués dans les guerres et ne portent pas d’armes.

– Mais parfois, il faut se battre pour se défendre contre l’injustice, insiste Sami.

Samy le regarde puis répond : Et quand on a été victime d’une grande injustice, il faut apprendre à être fort pour se faire respecter.

– Faites attention quand même à ne pas confondre la recherche de la justice et celle de la vengeance ! rétorque Aziza. Le Coran dit aux musulmans : *Ô ! Vous qui croyez, que le ressentiment que vous éprouvez envers certains ne vous empêche pas d’être justes (avec eux) ! Cherchez la justice, et vous serez plus proche de Dieu*[8] *!*

– Raphaël continue : Vous avez raison, on ne doit pas admettre l’injustice. Connaissez-vous l’histoire d’Avraham et des roitelets qui se faisaient la guerre ? *Les vainqueurs s’emparèrent de toutes les richesses (…). Ils prirent aussi avec ses biens Loth, neveu d'Abraham*[9]. *Alors Abraham arma ses fidèles (...) et suivit la trace des ennemis jusqu'à Dan*[10]. Une fois qu'il eut délivré Loth et repris tout le butin, il rendit tout au roi de Sodome, disant : *et je jure que, fût-ce un fil, fût-ce la courroie d'une sandale, je ne prendrai rien de ce qui est à toi*[11].

– Alors Ibrahim savait aussi se battre ? demande Slimane.

– Oui, lui répond Raphaël. S'il le fallait, il prenait les armes contre l'injustice. Il existe une jolie maxime juive qui dit : *Si je ne le suis pas pour moi, qui le sera ? Et quand je suis à moi, qui suis-je ? Et si ce n'est maintenant, quand*[12] *?*

– Je n'ai pas bien compris, dit Gwenaëlle.

– Mais si, lui répond Sami : ça veut dire que je dois penser à moi, mais pas seulement...

Sami s'arrête, il semble soudain surpris d'avoir spontanément expliqué un texte juif ! Il hésite entre honte et joie. Au fond de son cœur, il se sent libéré de cette haine obligatoire qu'il devait afficher pour être lui-même. Des regards surpris se tournent vers lui. Il sourit.

Je l'encourage : Ce que tu as dit est très juste. Mais je voudrais que vous essayiez d'aller plus loin dans l'explication de cette phrase.

– Il faut défendre sa vie ? ose timidement Noémie.

– Oui.

– Mais aussi vivre en faisant des choses pour les autres, sinon on est égoïste, ajoute Samy.

J'approuve encore : Exact. Si l'on ne vit que pour soi, que pour satisfaire ses envies, il manque une dimension à notre vie.

Aziza, très attentive depuis quelques instants, en profite pour intervenir : L'attitude des deux garçons me rappelle un verset du Coran qui dit que le paradis est ouvert à ceux qui sont justes, qui partagent leur richesse avec les autres, qui maîtrisent leur colère et offrent leur pardon à ceux qui les ont offensés.

Fatoumata se souvient alors de ses lectures : Cette phrase dit aussi qu'il faut y penser dès maintenant, ne pas attendre et se dire *: j'y penserai quand j'aurai le temps.*

Le silence se fait dans la classe. Chacun pense à des situations qu'il a vécues, à son égoïsme ou à des blessures qui sont toujours vivantes en lui.

Je romps alors ce silence : Un groupe d'élèves n'a pas encore fait son exposé. Gwenaëlle, Mamadou et Sélim, vous devez nous parler des villes et du commerce. Qui commence ?

Sélim se propose : Nous avons découvert que la ville la plus ancienne du monde est Jéricho, qui s'appelle Ariha en arabe et Yèriho en hébreu. Elle se trouve dans la vallée du Jourdain.

– Tu n'as pas dit pourquoi les gens ont construit des villes, le reprend Gwenaëlle. C'est important.

Sélim lui renvoie la balle : Oui, alors vas-y.

– Voilà, les gens ont construit les premières villes pour avoir un lieu de rencontre afin de commercer.

C'est là que les paysans et les caravaniers se donnaient rendez-vous pour vendre des produits comme les fruits, les légumes, les animaux et aussi des tissus, du cuivre, de l'argent et de l'or.

– On y vendait aussi des esclaves, précise Mamadou.

– J'ai lu que la Palestine est située entre l'Asie, l'Europe et l'Afrique. C'est un lieu d'échanges et on y commerçait beaucoup, intervient Sélim.

– Du temps d'Abraham, ça ne s'appelait pas encore la Palestine, mais le pays de Canaan, ajoute Samy.

Je les félicite : Très bien. Et si les gens venaient de l'extérieur, comment étaient-ils logés ?

Mamadou explique : Les gens installaient des campements de tentes mais on trouvait aussi des sortes d'hôtels qu'on appelle des caravansérails.

– Ces commerçants voyageaient avec leur marchandise. Est-ce qu'il leur arrivait de se faire voler ? demande Raphaël.

– Oui, parfois ils rencontraient des bandes de pillards qui les attaquaient, répond Mamadou.

Aziza intervient alors : C'est la raison pour laquelle il existait des lois d'hospitalité et de protection qui garantissaient la vie et la sécurité des étrangers et de leurs biens. Ces lois n'étaient pas écrites mais devaient être respectées par tous.

– Ne pas respecter ces lois était considéré comme un acte particulièrement grave, ajoute Raphaël.

Mamadou se souvient : Ah oui, le peuple de Loth a été détruit parce qu'il n'aimait pas les étrangers, ses membres se méfiaient toujours les uns des autres, ils n'étaient pas solidaires entre eux.

Raphaël en profite pour donner une explication à ce sujet : Quand Loth a quitté Avraham, il est parti s'installer à Sodome, que les musulmans appellent le peuple de Loth. Lorsque Dieu a voulu détruire Sodome et Gomorrhe à cause de la méchanceté de leurs habitants, Avraham a négocié avec Dieu pour que ces villes soient sauvées grâce aux justes qui vivaient parmi eux : *Peut-être y a-t-il cinquante justes dans cette ville (...) ? Loin de toi de frapper l'innocent avec le coupable, les traitant tous deux de même façon ! Loin de Toi ! Celui qui juge toute la terre serait-il un juge inique*[13] *?*

J'essaie d'aller un peu plus loin : Que signifie être juste à notre époque ?

– Être contre le racisme, me répond Noémie. Je n'aime pas les remarques que j'entends parfois à propos de Fatoumata parce qu'elle est la première de la classe. Ça veut dire quoi, qu'une Africaine ne peut pas réussir ? Je trouve ça bizarre !

– D'accord, déclare Marie, mais si quelqu'un fait une remarque méchante sur les Noirs, les Arabes ou les Juifs, il se fait disputer. Mais quand on se moque des Français...

– Mais nous aussi, on est français ! s'écrie Naïma.

– Oui, je sais, dit Marie, mais je veux dire... euh, français, quoi, comme moi. Il n'y a personne pour nous défendre, ce n'est pas juste.

– Mais lorsqu'une bêtise est faite au collège, dit Slimane, certains profs accusent toujours les mêmes. D'autres sont vraiment justes parce qu'ils font une enquête pour savoir qui est responsable.

Je tente d'ouvrir le débat : Bon, je comprends ce que vous voulez dire, mais si vous pensiez aussi à ce qui se passe en dehors du collège.

Martin revient dans la conversation : Une personne juste est celle qui défend les droits de l'Homme.

– C'est aussi quelqu'un qui s'occupe des pauvres ou des malades, comme sœur Emmanuelle, ajoute Gwenaëlle. C'est une vieille dame maintenant, mais elle se bat toujours comme si elle était jeune.

Sélim semble se souvenir d'une histoire à ce sujet : Mon père m'a raconté la vie de l'émir Abd el-Kader, un prince algérien qui s'est battu contre la colonisation française. Il m'a dit que c'était un homme juste parce qu'il avait protégé les chrétiens contre les rebelles arabes.

Je regarde Aziza d'un air interrogateur : C'était en Algérie ?

Elle réfléchit un moment, puis finit par se rappeler : Ah ! Je vois de quel incident il s'agit. Cela se passait en Syrie, à Damas vers 1860 ; l'Émir Abd el-Kader était exilé là-bas par la France. Il avait accordé sa protection aux chrétiens menacés par la révolte des Druzes, les habitants des montagnes syriennes.

Je confirme : En effet, c'est un vrai acte de bravoure ! Puis je continue : Qui peut donner un autre exemple ?

Marine prend alors la parole : Ma mère m'a parlé de Martin Luther King. Elle m'a dit que c'était un homme juste parce qu'il a appelé à défendre sans violence les droits civiques des Noirs en Amérique.

Enfin, Samy, qui semble très concentré depuis le début du débat, intervient : Mon grand-père m'a raconté que les gens qui l'avaient caché pendant la guerre avaient reçu la médaille des Justes.

Je décide d'apporter une précision : Je pense que tout le monde ne sait pas ce qu'est cette médaille. C'est une décoration qui est remise à des personnes qui ont caché et sauvé des Juifs pendant la Seconde Guerre mondiale. Ils l'ont fait au péril de leur vie à une époque où les règles de vie en société étaient injustes et cruelles.

Aziza semble satisfaite de la tournure que prend le débat et intervient de nouveau : Le Prophète nous dit qu'Allah parle ainsi : *Ô ! Vous mes créatures, sachez que Je me suis interdit à Moi-même d'être injuste, (...) gardez-vous de commettre des injustices les uns envers les autres*[14]. J'ai aussi entendu un rabbin dire que, selon le prophète Isaïe, *Alors le droit élira domicile dans le désert, et la justice aura son siège dans les jardins plantureux. Et l'œuvre de la justice sera la paix, et le fruit de la droiture sera le calme et la sécurité à tout jamais*[15]. Le débat va devoir s'achever entre nous, mais ce que vous avez dit est très encourageant.

Raphaël prend alors un air grave : Je voudrais dire à Sami et Samy que nous n'avons pas beaucoup évoqué le conflit entre Israéliens et Palestiniens, parce que nous n'avons pas de solution à vous proposer.

Aziza sent un flottement dans la classe et souhaite le dissiper aussitôt : J'ai découvert, au cours de mes discussions avec Raphaël, combien ce pays, situé entre la Méditerranée et le Jourdain, est cher au cœur des Juifs. Peut-être Raphaël a-t-il aussi compris que les Palestiniens sont profondément attachés à cette même terre.

– Oui, acquiesce Raphaël, je le savais sans le comprendre. Maintenant, je le comprends. Il me semble que cette difficulté, aimer la même terre, devrait être transformée en chance pour les deux peuples. L'important pour nous est que vous puissiez d'abord recommencer à vous respecter, à vous écouter, à vous parler normalement. Ce serait une belle manière de contribuer à la paix, dont vous savez si bien parler.

– Je pense que vous et vos camarades de classe êtes engagés sur la bonne piste pour vivre ensemble en tirant profit de vos différences, remarque encore Aziza, mais ils vous reste encore beaucoup de choses à apprendre pour pouvoir exprimer vos solidarités sans blesser ceux qui ne pensent pas comme vous.

Raphaël l'approuve : Un célèbre rabbin, rabbi Nachman de Bratslav, a dit que *la paix, c'est concilier deux contraires*. Pensez-y lorsque vous vous sentez submergés par la colère.

Aziza conclut : Cela me fait penser à la parole qui a été donnée par le Prophète à un homme qui voulait un conseil utile pour toute situation : *Ne laissez pas la colère guider vos actes ni vos paroles*[16].

Je dois interrompre la séance : Ces paroles de sagesse sont une belle conclusion pour notre dernière rencontre.

Je vois que monsieur le Principal est entré depuis quelques minutes. Voudriez-vous dire quelques mots aux élèves ?

– Je n'ai malheureusement pas eu la chance de me libérer pour assister plus longtemps à votre intervention, dit monsieur Durieux. Je tiens néanmoins à féliciter les élèves de 6^{e}4 pour la qualité de leur travail, ainsi que les adultes qui les ont accompagnés tout au long de ce chemin. Et comme dit le proverbe, *après l'effort, le réconfort* : j'ai donc demandé qu'une collation soit préparée pour vous tous. Rendez-vous dans cinq minutes au CDI.

Une acclamation monte, des élèves commencent à applaudir, et tout le monde suit leur exemple. Le groupe, dans un rang informel, se rend au CDI où les tables ont été rassemblées et couvertes d'une nappe en papier. Pierre a installé les pichets de jus de fruit et des biscuits. Il attend les élèves, mais cette fois Sami et Samy ont le sourire aux lèvres. D'autres invités sont là, comme la documentaliste et Alexandre, qui se tourne vers moi : Alors, cette expérience « religieuse » ne t'a pas trop éprouvée ?

Je lui réponds, ironiquement : Un peu plus, mon frère, et je rentrais dans les ordres ! Je te remercie, ton idée m'a aidée de façon très appréciable.

Aziza et Raphaël se rapprochent pour saluer Alexandre. Mais les élèves ne veulent pas les laisser, ils les accaparent, souhaitent échanger encore quelques mots. Je leur propose alors de nous retrouver après la petite réception au *Balto*, le café qui fait face au collège ; les élèves ne seront pas frustrés et la discussion sera plus aisée.

Après un quart d'heure, il est temps de se quitter. Un par un, les élèves de 6e 4 viennent serrer la main d'Aziza et de Raphaël, d'autres les embrassent. Sami et Samy tardent, ils souhaitent passer après les autres, garder cette place à part qui leur semble être la leur. Mais cette fois-ci, c'est positif. À vrai dire, ils sont émus. La gorge nouée, ils viennent saluer Aziza et Raphaël. Les regards et les sourires échangés suffisent, les embrassades sont sincères et silencieuses. Nous les quittons enfin et nous nous dirigeons, accompagnés d'Alexandre, vers le *Balto*. Que de chemin parcouru !

Notes

1. Lévitique 11, verset 3.
2. Lévitique 11, verset 9.
3. Coran, sourate 7, verset 141 : « C'est Lui, Dieu, qui a fait croître les jardins… »
4. Deutéronome, chapitre 12, verset 23.
5. L'attention portée aux animaux est telle qu'il ne faut jamais abattre le même jour une mère et son petit afin de ne pas égorger le petit sous les yeux de sa mère, car l'animal éprouverait dans ce cas une trop grande douleur.
6. Coran, sourate 5, verset 44 et suivants.
7. Genèse, chapitre 13, versets 8 et 9.
8. Coran, sourate 5, versets 6 et 7.
9. Genèse, chapitre 14, versets 11 et 12.
10. Genèse, chapitre 14, verset 14.
11. Genèse, chapitre 14, verset 23.
12. Avoth 1-14 *in* Maximes des Pères.
13. Genèse, chapitre 18, versets 24 et 25.
14. *Charh al-ahadith al-qudsiya*, *Commentaire des paroles célestes*, M.M. Chaarawi, p. 116 et 122, éd. Dar al-Qalam, Beyrouth 2002.
15. Isaïe, chapitre 32, versets 16 et 17.
16. Jawahir al-Boukhari, *hadith* 132.

Et si on refaisait le monde !

Autour d'une table tranquille, assis l'un en face de l'autre, visiblement fatigués mais heureux de cette expérience qui saura ouvrir de nouveaux horizons, Aziza et Raphaël ont encore beaucoup de choses à se dire. Malgré une longue habitude d'intervention devant des classes, c'est la première fois que ces rencontres les ont amenés à revoir les mêmes élèves à plusieurs reprises, à se déplacer à l'IMA ou au MAHJ et, ainsi, à entrer dans le monde de l'autre.

On sent leur besoin de réconfort et d'énergie pour aborder plus en profondeur les sujets discutés avec les enfants. Raphaël commande quatre cafés serrés.

Plaçant les deux mains sur le front, Aziza parle la première :

– En commençant ce travail, je croyais avoir des réponses à apporter aux élèves. En fait, maintenant, j'ai plus de questions que de réponses !

– Et moi donc, j'espère que ce bistrot ferme tard… répond Raphaël en s'installant confortablement.

– J'ai eu le sentiment de découvrir en même temps que les élèves cette proximité entre nos deux histoires ; elle est à la fois source d'inquiétude et d'espoir, confie Aziza de sa voix douce.

– Tu as raison, commençons par l'inquiétude, car il semble qu'elle soit devenue un moteur puissant. Historiquement, le judaïsme a connu des expériences traumatisantes dans ses relations avec le christianisme et avec l'islam.

– N'est-ce pas un peu exagéré ?

– Je ne crois pas. Le christianisme et l'islam sont des religions inclusives, qui ont longtemps cherché à convertir. Seulement voilà, les Juifs tiennent à rester eux-mêmes !

– Je vois que tu ne perds pas une minute pour aller au point le plus sensible de la relation entre nos religions ! lui rétorque Aziza, un brin ironique. Tu sais, l'islam cherche à convertir, mais il reconnaît aussi la liberté religieuse.

Je me permets alors de les emmener un peu plus loin sur le sujet : J'ai pourtant le sentiment que les religions monothéistes ont un aspect totalitaire et supportent difficilement la cohabitation…

– Ce n'est pas une simple question d'intolérance, reprend Raphaël. Pour les Juifs, le problème est profond : ils ne se résolvent pas à ce que le TaNaKH ne soit considéré que comme l'annonce de la venue du Christ et ne perçoivent pas le Coran comme le texte qui parachève le TaNaKH. Pour la tradition juive, le TaNaKH est un texte vivant, que chaque génération étudie et interprète.

– Chacun de nous considère ses textes fondateurs comme vivants, lui fait remarquer Aziza. Juifs et musulmans, nous avons besoin d'avoir un dialogue théologique profond et serein pour dire la valeur de notre lecture de ces textes, exprimer notre vérité face à la vérité de l'autre, sans volonté de convertir ou d'éliminer…

– Tu as raison, approuve Raphaël. Il ne s'agit pas non plus d'ignorer l'autre. Il me semble capital que les penseurs juifs religieux se posent la question de la transmission du message d'Avraham et de Moché (Moïse) à travers le christianisme et l'islam. Un travail commence à se faire, mais il est encore marginal.

– Nous l'avons oublié, mais ce travail commun a déjà été entrepris dans le passé, rappelle Aziza. Je l'ai découvert en consultant des ouvrages religieux musulmans sur l'histoire d'Abraham[1]. Je suis convaincue que ce dialogue est possible et utile. Aujourd'hui, il est occulté par le conflit politique.

– Commençons ici, en France, par changer l'image de l'autre dans l'imaginaire de nos deux communautés. En discutant avec des jeunes musulmans, j'ai compris que pour eux, les Juifs sont infidèles au message que Dieu leur a confié. Mais le TaNaKH est plein de reproches du même style à l'encontre des Juifs !

Alexandre les interrompt pour leur demander quel est, dans ce cas, le problème.

– Il vient du fait qu'on récupère un discours d'autocritique interne au peuple juif[2], lui répond Raphaël. C'est un excellent stimulant pour progresser et ne pas se satisfaire de l'état actuel des choses. Mais si ce message est repris par des musulmans, pour justifier la supériorité du Coran, cela mène à une impasse.

Aziza poursuit : De même, certains Juifs semblent considérer les chrétiens et les musulmans comme des « sectes juives qui ont mal tourné » et ont des difficultés à reconnaître que ces spiritualités sont proches de la leur. En consultant certains ouvrages religieux juifs, j'ai trouvé une image plutôt négative d'Ismaël. Il est décrit comme *un onagre d'homme*[3]. Si on en reste à cette image, comment peut-on sentir une proximité avec les descendants d'Ismaël ?

Alexandre leur manifeste alors sa surprise de les entendre souligner ainsi leurs querelles. Il avait toujours eu le sentiment qu'ils étaient capables de communiquer sans introduire d'élément perturbateur au cœur de leur entente.

– Tu sais, lui explique Aziza, ces rencontres nous ont amenés à nous interroger sur ce qui avait forgé nos certitudes. Il est normal que nous abordions ce qui nous trouble chez l'autre.

– Mais nous nous sommes aussi intéressés à des approches plus positives, le rassure Raphaël. Je pense à Armand Abécassis ; il rectifie l'image de l'ancêtre des Arabes et lui donne un rôle positif dans la transmission du monothéisme[4]. Les responsables religieux devraient prendre ce dialogue à bras le corps, surmonter leurs réticences, accepter les différentes manières d'être des enfants d'Abraham, car nous faisons partie de la même société française, nous partageons un même destin, un même lieu de vie.

– Certains le font déjà, rappelle Aziza, mais leur voix est couverte par un discours de haine et de refus. Il semble que les religieux les plus extrémistes des deux bords se liguent avec les politiques les plus intransigeants pour bloquer tout dialogue.

– Pour moi, reprend Raphaël, l'idéal serait que *des hommes et des femmes de bonne volonté* ouvrent le chemin aux dirigeants qui cherchent à apaiser les esprits, mais ne savent pas toujours où trouver un discours religieux qui aille dans le même sens.

Enfin ! s'exclame Alexandre, soulagé, je vous retrouve tous les deux, optimistes et quelque peu rêveurs aussi !

Aziza sourit à cette remarque : Optimistes, soit, mais pas si rêveurs ! N'attendons pas, agissons dans l'immédiat pour contrer ces images dévastatrices dans l'esprit de nos jeunes !

Paul, le serveur, arrive : Quatre cafés serrés pour ces messieurs dames. Ça à l'air de discuter ferme autour de cette table !

– C'est que nous refaisons le monde ! lui explique Aziza.

– Il en a sacrément besoin ! s'exclame Paul. À vous voir tous les quatre, ça change de ce que je vois parfois dans le quartier. Allez, je vous laisse, faites-moi signe si vous avez besoin d'un nouveau remontant.

Je reprends alors le fil de notre discussion : Pour revenir à ce que vous disiez sur l'image de l'autre, j'ai remarqué qu'il était difficile de faire sortir les élèves des clichés qu'ils ont sur leurs camarades et sur eux-mêmes, surtout à un âge où il est si important de faire partie d'un groupe.

Raphaël devient grave : Ces images stéréotypées sont le fruit de nos histoires respectives. Les Juifs, par exemple, sont marqués par la persécution et la vie dans un milieu globalement hostile, enfermés de gré ou de force dans les ghettos d'Europe, les *mellahs* d'Afrique du Nord. Cela a pu créer une certaine méfiance vis-à-vis du monde extérieur.

À ce propos, Alexandre lance une remarque en forme de constat : Mes élèves de 3e, d'origine maghrébine, me disent souvent que les Juifs vivaient mieux dans les pays arabes qu'en Europe.

Raphaël est sceptique : Certes, leur vie était plus douce en terre d'islam, il n'en reste pas moins qu'ils y avaient un statut d'inférieurs.

– Excuse-moi, intervient Aziza, je ne suis pas tout à fait d'accord. Le statut de *dhimmi*[5] n'est pas synonyme d'infériorité. Il a eu le mérite d'exister à une époque où la liberté religieuse n'était pas de mise en Europe !

– D'accord, mais quel statut fragile ! Il suffisait d'une crise économique ou d'un changement politique pour que tout cela soit reconsidéré. On était loin de la citoyenneté…

– Bien sûr, acquiesce Aziza, il serait même aberrant de justifier encore aujourd'hui le statut de *dhimmi*, cela n'a plus de sens ; être citoyen devrait être un droit élémentaire.

À ce moment-là, je ne peux m'empêcher de leur dire, avec un léger sourire, qu'il est doux d'entendre louer les vertus de la République !

– Ne soyons pas trop idéalistes quand même, nuance Raphaël. La citoyenneté a été retirée aux Juifs en France en 1940 du jour au lendemain, par le gouvernement de Vichy. Rien n'est acquis à tout jamais.

– Ceci m'éclaire sur l'hypersensibilité que j'ai rencontrée chez certains interlocuteurs juifs dans le dialogue interreligieux, remarque Aziza. Ils réagissaient vivement à la critique comme s'ils craignaient que l'Histoire ne repasse les mêmes plats. Cette crainte faisait parfois obstacle à un dialogue franc entre nous.

– Et maintenant ? lui demande Raphaël.

– Je vais en tenir compte, continue Aziza, mais j'aimerais bien les inviter, mes interlocuteurs juifs, à sortir un peu de cet état d'esprit minoritaire pour pouvoir comprendre les autres et avancer vers eux, car chacun ressent des peurs qui lui sont propres.

Alexandre leur demande alors : Dialoguer, n'est-ce pas accepter d'être dérangé dans ses certitudes et ses peurs ?

– Bien sûr, lui répond Raphaël, surtout lorsque l'on dialogue en confiance, comme Aziza et moi.

Je sens alors que c'est le bon moment pour oser une question qui me tient à cœur. Je me lance : Aziza, je peux être un peu directe ?

– Je ne garantis pas ma réaction ! me réplique-t-elle en souriant.

– J'ai noté qu'un certain nombre d'élèves de familles maghrébines ou africaines sont encore imprégnés par la mentalité des pays d'origine, où l'islam est majoritaire. Cela transparaît dans leur façon de vivre leur religion, mais aussi dans leurs rapports avec les autres et cela rend parfois leur intégration dans la société d'accueil un peu plus laborieuse, qu'en pensez-vous ?

– Vous n'avez pas tout à fait tort. « Comment vivre en tant que minorité ? » est une question qui a été traitée par plusieurs intellectuels et religieux musulmans en France et en Occident. Certains la considèrent comme une chance pour les musulmans de revisiter leurs textes fondamentaux et leurs pratiques religieuses avec un nouveau regard et de *rompre avec des lectures traditionnelles forgées dans un contexte de prépondérance et d'expansion*[6]. Dois-je vous rappeler que la réussite de l'intégration dépend autant de la population émigrée que de l'attitude de la société d'accueil ?

Je me tourne alors vers Raphaël : Est-ce que l'intégration des Juifs en France peut être un exemple pour les musulmans ?

– Vous savez, ma famille est française depuis tant de générations qu'il m'est difficile de parler comme témoin direct du processus d'intégration, m'explique Raphaël.

Un peu moqueur, Alexandre ne peut s'empêcher de lancer : Aziza, vous avez affaire à un vrai Gaulois !

– Ni plus ni moins que la grande majorité de nos compatriotes ! lui répond-elle, et elle continue : il faut bien admettre que la comparaison entre l'intégration et la réussite des deux communautés, juive et musulmane, revient souvent dans le débat social mais aussi entre les jeunes. Elle est l'un des facteurs qui font monter la tension entre les élèves...

Concentré, Raphaël poursuit sa réflexion : Aziza, tu parles de débat social. Ne penses-tu pas que sur ce terrain, les clichés sont très répandus parmi les jeunes ? Les Juifs ont « de la marque », c'est bien connu ! Ils se font remarquer avec leurs jeans Diesel et leurs téléphones portables dernier cri. Cela existe, et quand cette futilité se double d'une grande méconnaissance de la culture juive, c'est désolant. Mais sont-ils représentatifs de toute la jeunesse juive de ce pays ?

– Je suis aussi critique que toi vis-à-vis de ces jeunes beurs *fashion victims*, mais ce dont je veux parler, c'est du regard des jeunes les uns sur les autres. Il existe une rivalité entre eux pour l'acquisition des vêtements de marque parce qu'ils représentent un faire valoir-social, une preuve de réussite.

Alexandre reprend : Cela ne correspond pas aux idées reçues : les Juifs qui ont tout et les Maghrébins qui n'ont rien. Ces clichés remontent vite à la surface lorsque les esprits s'échauffent sur le conflit du Moyen-Orient et veulent opposer la réussite des uns à l'échec des autres.

– Nous sommes d'accord là-dessus, dit Aziza. Les idées préconçues sur l'autre sont un danger car elles empêchent d'avoir un discours constructif, surtout en cas de conflit. En tant que mère de jeunes Français d'origine maghrébine, je voudrais que l'on comprenne ceux qui sont dans une logique d'identification avec les Palestiniens.

– C'est le même phénomène parmi les jeunes Juifs français vis-à-vis des Israéliens, d'autant plus que souvent, ils ont de la famille là-bas, explique Raphaël. L'attachement est viscéral et toute critique est vécue comme une attaque personnelle.

Je tente alors une question qui me brûle les élèves : Dois-je comprendre que vous donnez raison à ces manifestations de solidarité ? Les enseignants se sentent souvent excédés par ces comportements, qui ressemblent à de la provocation.

– Juliette, c'est pour répondre à une provocation que nous avons accepté de travailler avec vous, me rappelle Raphaël. Nous essayons de faire la part des choses. Personnellement, je me sens toujours concerné par ce qui se passe en Israël, mais il me semble intolérable de voir des jeunes arborer des insignes de l'armée israélienne ou coller sur leur scooter des autocollants sur lesquels est écrit en hébreu *Nous n'évacuerons pas le Golan*. Se comporter ainsi à Paris, c'est signe de grande confusion. Ont-ils des leçons à donner à ceux qui, sur place, cherchent des issues pacifiques à ce conflit ?

– J'avoue que je suis aussi alarmée par l'attitude excessive de certains jeunes d'origine maghrébine qui se projettent ici comme des Palestiniens en lutte pour leurs droits, ajoute Aziza. Ils expriment ici, en France, une colère qui est à la fois la leur en tant que jeunes issus de l'immigration et celle des Palestiniens auxquels ils s'identifient.

Je poursuis ma réflexion : ils veulent montrer leur solidarité avec les Palestiniens et pensent qu'elle doit se faire contre les Juifs, qui à leurs yeux représentent les Israéliens. À ce moment-là, des glissements se produisent vers des paroles ou des actes qui dépassent les limites de l'acceptable…

Alexandre confirme : Oui, des actes antijuifs, alimentés par des images reprises dans le vieux fond de commerce antisémite européen.

– Avec, en prime, l'ambiguïté du terme *antisémite,* continue Raphaël. C'est un mot qui a été clairement créé pour exprimer la haine des Juifs.

– Il est d'autant plus ambigu pour moi, précise Aziza, que les Arabes se considèrent aussi comme des sémites. Il me semble que la plupart de ces jeunes sont sincères quand ils déclarent ne pas être antisémites.

– Pensez-vous que l'école doit passer l'éponge et ne pas sanctionner ? risque alors Alexandre.

– Non, répond Aziza, je n'ai pas dit cela. Au contraire, il faut leur rappeler que s'ils utilisent un langage antisémite pour exprimer leurs sentiments de colère ou de solidarité, ils doivent être sanctionnés, sans hésitation, mais aussi… sans stigmatisation du groupe !

Je m'appuie sur mes quelques années d'expérience de prof pour tenter une explication : Ce que ces jeunes ne réalisent pas, c'est qu'en Europe, l'antisémitisme et les idées qu'il a véhiculées ont mené à la *Shoah.* Je suis effrayée lorsque j'entends tel ou tel collègue raconter qu'il a été tellement chahuté qu'il n'a pu faire son cours sur l'affaire Dreyfus ou la *Shoah.*

– Cette attitude est inacceptable, confirme Aziza. Je pense que les élèves qui agissent ainsi ne voient pas ces événements comme une partie de l'histoire de France, mais comme l'occasion de parler encore des Juifs…

Raphaël l'interrompt : Alors que les Juifs ont le sentiment d'être peu présents dans les manuels scolaires, si ce n'est comme de vieilles antiquités dans la leçon sur les Hébreux, ou comme victimes de l'affaire Dreyfus ou de la *Shoah*. Ce n'est pas très exaltant !

– On trouve chez les parents musulmans le même type de frustration, due à la quasi-absence de leur histoire dans les manuels scolaires et dans le discours de l'école.

Reprenant le contenu de mes programmes, je suis obligée de leur rappeler que ce propos n'est pas fondé. On enseigne l'histoire de l'islam, de la colonisation, de la guerre d'Algérie et la géographie du Maghreb et du monde en général…

Raphaël me fait un signe pour montrer qu'il comprend ce que je veux dire, et il ajoute : Ce n'est sans doute ni suffisant, ni valorisant pour eux. L'Âge d'Or en Andalousie est un passé lointain, mais le souvenir douloureux de la colonisation est encore vivace chez les parents, et l'image renvoyée par leur pays d'origine n'est pas glorieuse.

Alexandre intervient pour son domaine : La littérature également aborde peu ces thèmes, si ce n'est avec Camus. C'est vrai que cela manque. Les Juifs font plus partie du paysage culturel et intellectuel de notre pays, ils sont plus intégrés.

– Mais leur intégration a pris du temps, précise Raphaël, et fut parfois douloureuse, elle a demandé une certaine renonciation à une manière de vivre traditionnelle. Elle a aussi permis la rencontre entre la pensée juive et la pensée occidentale.

– Es-tu en train de m'expliquer que le chemin est encore long pour nous ? demande Aziza, songeuse.

– En douterais-tu ? Mais l'école a son rôle à jouer. Tout comme les familles, qui ne doivent plus bercer leurs enfants de l'illusion d'un hypothétique retour au pays. Il est possible d'aimer deux pays, mais il faut clairement choisir celui dans lequel on vit. C'est difficile, mais nécessaire pour la réussite de la génération née ici.

– Je vois, c'est le directeur de l'école qui parle, souligne Alexandre. Je suis d'accord avec vous sur un point, il faut que les familles et l'école tissent davantage de liens de confiance pour réussir le projet commun à tous, aider nos enfants à devenir des citoyens français responsables et bien dans leur peau.

– De moins en moins de familles parlent de retour au pays, indique Aziza. La difficulté vient d'ailleurs : chaque fois qu'il y a un événement international en relation avec l'islam, il a un retentissement ici sur les familles et leurs enfants, et sur la société française en général, et tout cela se répercute à l'école !

J'interviens : La situation au Moyen-Orient et la violence diffusée jour après jour sur les écrans de télévision contiennent tous les ingrédients d'un cocktail explosif : le monde arabe face à l'Occident, l'islam face aux Juifs et aux chrétiens, la culpabilité de l'Europe vis-à-vis des Juifs et des Arabes. Pour les profs, il n'est pas aisé de garder la tête froide, d'avoir un regard objectif, car ces sujets nous touchent tous d'une manière ou d'une autre.

Alexandre poursuit : C'est un exercice indispensable, car il n'est pas question de satisfaire les exigences des deux communautés qui, chacune de son point de vue, trouvent que les médias et l'école ne tiennent pas suffisamment compte de leur sensibilité.

– Alors, je me pose la question suivante, dit Aziza, en nous regardant tous les trois : Comment pourrions-nous avoir une parole utile et constructive sur ce conflit ?...

– Qui, nous ? interroge Raphaël.

– Nous, citoyens de ce pays, parents et enseignants, confrontés à son impact sur les relations entre nos enfants.

Je leur rappelle le sens de leur intervention auprès de la classe et tente une proposition : Vous avez montré aux élèves qu'aucune parole ne sera positive si le débat se résume à une tentative de prouver la légitimité d'un point de vue sur un autre. Si nous nous adressons à nos jeunes pour leur dire combien il est dangereux d'importer ici ce conflit, et leur proposons une alternative, il est possible de changer la donne.

– Quelle alternative proposes-tu ? s'étonne Alexandre.

Je continue sur ma lancée : Au regard du travail que nous avons fait ensemble, il nous faut élaborer un code et une culture commune afin d'apprendre à nos jeunes à vivre ensemble. C'est ce que l'on appelle la prévention des conflits, n'est-ce pas ?

Aziza m'approuve. Tout à fait, et il faut par ailleurs leur apprendre à exprimer leur solidarité sans avoir recours à un langage exclusif, méprisant, raciste, antisémite, à ces mots qui blessent et heurtent nos sensibilités respectives et, du coup, bloquent la communication et engendrent la violence.

Je poursuis : J'ai remarqué que parfois, vous utilisiez presque les mêmes mots pour nommer les mêmes lieux, les mêmes réalités.

– Les mêmes réalités ? reprend Alexandre. En es-tu bien sûre ? Je pense au contraire que, même identiques, les mots recouvrent des réalités bien différentes.

– Dans ce cas, ne faudrait-il pas commencer par élaborer un lexique commun qui facilite la communication sur ces sujets ?

Visiblement ravi, Raphaël s'exclame : Je reconnais là une préoccupation d'enseignante et j'y souscris entièrement.

– Vous permettez à une maman d'élève de se joindre à vous ?!

– Avec plaisir, répond Alexandre. Que peuvent obtenir les enseignants seuls, s'ils ne sont pas soutenus par les parents de leurs élèves !

– Voici ce que je vous propose. Prenons un papier et écrivons les mots et les expressions tels que vous les comprenez l'un et l'autre, puis trouvons des définitions communes qui peuvent construire un dialogue fécond.

Mais en attendant, voulez-vous boire autre chose ?

Au moment où Paul apporte d'autres cafés, un grand papier blanc est étalé sur un coin de la table. Je sors mon stylo.

– Alors Juliette, me lance Paul, moqueur, tu as trouvé de nouveaux élèves, tu donnes des cours particuliers maintenant !

– Eh non. Vois-tu, j'essaie d'apprendre !

– Il faut aussi expliciter certains mots dont le sens nous paraît évident, mais dont l'usage fréquent et inapproprié par les médias induit des amalgames, propose Aziza.

– La simplification à l'extrême de ces idées qui décrivent des réalités si complexes engendre des rejets et des frustrations terribles, renchérit Raphaël. Nous aimerions tant que tout ceci soit expliqué comme il faut.

Paul, finissant de nous servir les cafés : Bon, je vous laisse. Ça devient un peu trop compliqué pour moi. Il faudra me donner une version simplifiée !

– C'est justement ce à quoi nous travaillons. Si Alexandre est d'accord, je vais vous proposer de m'expliquer comment vous définissez certains mots, puis je verrai avec lui ce que nous pouvons en faire pour travailler avec les élèves.

– Me voilà recruté par ma chère collègue. Ai-je le choix ?

– Non, car honnêtement, vous ne pouvez pas nous faire plus plaisir ! déclare Aziza en le regardant intensément.

– J'aimerais vous demander tout d'abord comment vous réagissez au terme *Shoah*. C'est un mot qui revient souvent et pour lequel je n'ai aucune référence.

Spontanément, Alexandre propose une méthode de travail : Je voudrais que nous entamions cette réflexion à partir de la définition académique de ce mot. Il définit en hébreu le génocide perpétré contre les Juifs par les nazis pendant la Seconde Guerre mondiale. C'est une expérience marquée par la volonté d'exterminer totalement les Juifs, après un long processus de déshumanisation.

Shoah שואה - définition

Le mot *Shoah* est le terme qui qualifie en hébreu l'extermination par les nazis, pendant la Seconde Guerre mondiale, d'environ 6 millions de Juifs en Europe. Ce mot se trouve dans le TaNaKH avec le sens de *désolation, dévastation, destruction*.

Raphaël complète : Cette expérience a marqué les générations jusqu'à aujourd'hui. Nous cherchons à en comprendre les raisons, et nous ne trouvons que la haine gratuite ; nous écoutons les témoignages des survivants, et c'est un abîme d'horreur. En ce sens, Auschwitz est un symbole pour toute l'humanité.

– Cela a-t-il un impact sur les générations qui n'ont pas vécu cet événement ? demande Aziza.

– Je pense que de nombreux Juifs se considèrent comme des survivants, ce qui explique cette volonté farouche de se protéger et la crainte ressentie par beaucoup que le monde nous abandonne à nouveau et ferme les yeux sur notre disparition, explique Raphaël. Mais l'utilisation politique de cette souffrance m'est insupportable.

Je me tourne alors vers Aziza : Comment une femme arabo-musulmane comprend-elle la *Shoah* ?

– Chaque fois que je croise ce mot, la même question me revient à l'esprit : Qu'est-il arrivé à l'âme humaine pour qu'elle devienne si noire ? Comment nous prémunir contre la barbarie ? Les responsables de la *Shoah* n'étaient ni ignorants, ni arriérés, ni des « sauvages », mais vivaient dans un pays à la pointe de la civilisation, de la modernité et de la culture ! Ils ont utilisé des méthodes scientifiques sophistiquées pour mener leur projet à leur terme, motivés seulement par leur haine contre les Juifs !

– On a l'impression que cela dérange certains parents arabes que la *Shoah* soit enseignée à leurs enfants, remarque Alexandre.

– Il ne faut pas généraliser. Nombreux sont ceux qui pensent qu'il faut en parler à l'école pour que nos enfants comprennent où peut mener la haine.

J'interviens : Vous parlez des enfants arabes, Aziza ?

– Non, tous les enfants, ils en ont tous besoin. Seulement, si je comprends qu'un tel événement marque la mémoire et le comportement des Juifs, je suis également contre l'utilisation politique de cette souffrance. De plus, aussi immense soit-elle, cette souffrance ne doit pas occulter celle des autres, notamment celle des Palestiniens qui ont subi la *Nakba*. Je serais curieuse de savoir si Alexandre connaît également la définition de *Nakba*.

Nakba النكبة - définition

Ce terme arabe, traduit souvent par *catastrophe* ou *désastre*, est utilisé par les Palestiniens, et les Arabes en général, pour qualifier la défaite militaire, politique et psychologique qui a suivi la perte des territoires sur lesquels l'État d'Israël a été créé, ainsi que l'expulsion et la fuite des Palestiniens de ces territoires, la débâcle des armées arabes venues à leur secours et l'exil qu'ils vivent depuis lors.

– Oui, je crois que c'est un terme qui désigne la défaite des Arabes dans la guerre qui les opposa aux Israéliens, en 1948 ou en 1967…

– En 1948, indique Raphaël. C'est le début de l'exil des Palestiniens après qu'ils eurent quitté leurs maisons et leurs villages.

Aziza complète : Autrement dit, la perte tragique de la Palestine telle qu'elle a été vécue par les Palestiniens.

Je m'adresse alors à Raphaël : Mais vous, comment percevez-vous cet événement ?

– Je le comprends comme une expérience d'exil. Sans nier la souffrance qu'elle représente, je tiens à préciser qu'il n'y a pas eu de volonté d'exterminer les Palestiniens, malgré les inacceptables exactions qui ont eu lieu, comme à Deir Yassine[7]. D'ailleurs, cet événement tragique fut condamné par les autorités juives de l'époque.

La *Nakba* : 1917-1967

La *Nakba* couvre un ensemble d'événements dans l'histoire de la Palestine. 1- La déclaration Balfour (1917) préconisait la création d'un foyer national juif, à condition de ne pas compromettre les droits des communautés non juives en Palestine. Pour faire valoir leurs droits, les Palestiniens, musulmans et chrétiens, ont créé des associations et ont organisé des manifestations (1919-1920 et 1936). 2- La résolution de l'ONU (novembre 1947) partageait la Palestine en deux futurs États : l'un juif ; l'autre arabe. Le partage, jugé inéquitable, a été rejeté par les Arabes. L'apogée de la *Nakba* est atteinte le 14 mai 1948 avec la proclamation de l'État d'Israël. La perte de Jérusalem-Est et la défaite des armées arabes (juin 1967) ont amplifié ce sentiment de désastre.

– Tu as beau comprendre cette souffrance, j'ai l'impression que tu ne saisis pas que la *Nakba* est plus qu'un exil, c'est un déracinement, un état d'errance et de souffrance matérielle et psychologique. Le poète palestinien Samih Al-Qasim compare le Palestinien contraint de quitter sa maison et son village et condamné à l'exil éternel à un fleuve coupé de ses sources. Cette image évoque pour moi la mort progressive.

La violence de l'image m'émeut : Aziza, ce que vous dites là est très fort...

Elle continue : La *Nakba* est synonyme d'un échec collectif, elle a eu et a encore un impact sur l'intellect arabe en général. Chaque image de destruction de maisons, d'expulsion de Palestiniens ou de confiscation de terre ravive le souvenir de la *Nakba.*

– Les Juifs, qui ont connu l'exil, les déplacements forcés, l'extermination, ont le sentiment d'avoir pris leur destin en main ; peut-être ont-ils du mal à comprendre que les réfugiés palestiniens tiennent à garder ce statut en attendant que tout redevienne comme avant le 14 mai 1948, avant la création de l'État d'Israël.

– Loin de moi la volonté de comparer la souffrance des victimes de la *Shoah* et celle des victimes de la *Nakba*, mais tant que les uns ne se laissent pas toucher par la souffrance des autres, je ne vois pas comment ils arriveront à se comprendre.

– Bien sûr, répond Raphaël, il ne doit pas y avoir de compétition dans la souffrance. L'exil et le déracinement font partie de l'expérience collective du peuple juif. Ceci devrait impliquer de l'empathie pour les Palestiniens. Je souhaiterais aussi que les Arabes en général prennent la mesure de ce qu'a été la *Shoah*. Il est à mes yeux insupportable qu'une certaine presse des pays arabes reprenne à son compte les poncifs les plus antisémites ; tout racisme est un délit.

– Je t'assure, Raphaël, que tous les Arabes n'ont pas la même attitude vis-à-vis de la *Shoah*. Des intellectuels, des politiciens et des historiens ont une vue juste de cet événement terrible. Mais tant qu'il n'y aura pas de paix juste et durable du point de vue arabe, la priorité sera à la souffrance des Palestiniens.

– La crispation du conflit et sa pérennité entraînent également un repli sur soi du côté israélien.

Aziza reprend, de plus en plus animée : Et l'homme de la rue arabe se pose la question suivante : *Pourquoi les Palestiniens payent-ils pour un crime perpétré par d'autres ?*

– Je ne comprends pas bien la logique qui sous-tend cette réflexion, dit Alexandre.

– La création de l'État d'Israël est perçue comme un dédommagement fait par les Européens aux Juifs pour ce qu'ils ont subi lors de la Seconde Guerre mondiale, explique Aziza.

La *Shoah*, un génocide

C'est la volonté de destruction totale du peuple juif qui a motivé les nazis. On appelle parfois cet événement *holocauste*, terme d'origine grecque qui décrit les sacrifices faits au Temple de Jérusalem ; ce mot est impropre car la mise à mort des Juifs n'avait aucun but religieux. Elle est d'ailleurs restée une priorité des nazis jusqu'à la fin de la guerre. La mise en œuvre du crime – isolation de la population juive, transports par train, assassinats dans des chambres à gaz ou par fusillades dans des fosses communes, disparition des corps brûlés, récupération des objets ayant appartenu aux victimes – a mobilisé un grand nombre de personnes et les techniques les plus modernes. La *Shoah* est un événement majeur de l'histoire et de la conscience européenne.

– Un dédommagement pour la *Shoah* ? s'étonne Raphaël. Mais Aziza, le mouvement sioniste a existé avant la *Shoah*, il date de la fin du XIXe siècle. De nombreuses structures de l'État d'Israël – partis politiques, syndicats, presse, universités, industrie – existaient avant la *Shoah*. Le sionisme a donné les moyens politiques de cette renaissance. En revanche, j'imagine que pour les Palestiniens, ce fut un grand choc, car ils ne pouvaient se douter que leur terre était toujours « habitée » par d'autres.

– C'est de là que vient la tragédie, précise Aziza. Pourquoi la renaissance d'un peuple engendre-t-elle l'extinction d'un autre ? Je crains que le choc ne vienne du sens donné au terme « habiter ». Pour moi, ceux qui ont toujours habité cette terre, ce sont les Palestiniens, descendants de tous les peuples qui s'y sont succédé, des Cananéens aux Arabes.

– Je sais qu'il est difficile de parler de ce sujet mais il faut dépasser les chocs pour écouter la version historique de l'autre et essayer de l'apprivoiser, propose calmement Raphaël. (*S'adressant à Aziza.*) Où places-tu les Juifs dans cette lecture de l'histoire ?

– En lisant des sources palestiniennes[8], je trouve une reconnaissance de la présence juive en Palestine, tout

La Terre d'Israël

Elle apparaît sous le nom de terre de Canaan, *Qna"ane*. Abraham y vécut, ainsi que Isaac et Jacob, surnommé Israël. Puis les Hébreux la conquièrent. C'est pour eux la terre d'Israël, ארץ ישראל, *Èrèts Yisraël*, ou encore Terre Promise : le pays promis par Dieu où ils vivront librement et respecteront tous les commandements divins. Se forment alors les royaumes de David et Salomon. Puis le pays est encore divisé : Juda, Yèhouda, se forme au sud, et Israël, *Yisraël*, au nord. Une partie de la côte Sud-Ouest est conquise par les Philistins. Le pays passe aux mains de grands empires. Pendant ce temps, les Juifs perdent puis retrouvent leur pouvoir sur cette terre, dont le centre spirituel reste Jérusalem, ירושלים , *Yèrouchalayim*, ville où se situe le Temple. Après plusieurs révoltes, ils en sont chassés par les Romains (135 ap. J.-C), et l'empereur Hadrien nomme le pays Palestine, *Palestina*, du nom des Philistins.

d'abord par les royaumes de David, Salomon et d'autres encore, puis comme une minorité qui n'a pas quitté le pays. Ce que les Palestiniens contestent, c'est la création d'un État où les Juifs deviennent majoritaires à cause de la venue de leurs frères de la diaspora. Pour eux, c'est une usurpation.

Le débat est tendu, j'essaie de marquer une pause : Vous avez raison, il faut s'habituer aux mots de l'autre, accepter sa critique de notre version de l'histoire. Ceci est valable pour l'histoire de France également, mais me paraît tellement exacerbé dans le cadre du conflit israélo-palestinien. Je m'aperçois que je n'y connais pas grand-chose !

– Personnellement, demande Aziza, je voudrais bien savoir quel contenu tu donnes au terme *Èrèts Yisraël, Terre d'Israël*, car il évoque pour moi une volonté d'étendre le pouvoir de l'État d'Israël au-delà de ses frontières actuelles, et voilà que tu me dis que les Juifs ont toujours « habité » cette terre. Je n'arrive pas à te suivre...

– La terre d'Israël est le berceau du peuple juif. Malgré la

La Palestine

Les Arabo-musulmans conquièrent le pays en 638 et gardent le nom de Palestine, فلسطين , *Falastîne*. La conquête aurait été facilitée par les populations locales – Juifs et chrétiens « hérétiques » fortement influencés par la tradition abrahamique – oppressées par les Byzantins. Les historiens arabes rapportent que le calife Omar entra dans Jérusalem, القدس , *Al-Qods*, sans apparat et sans armes. Il rencontra le Patriarche Sophrénius, mais déclina son invitation à prier dans l'église du Saint-Sépulcre, craignant que des musulmans zélés n'y trouvent prétexte, plus tard, pour la changer en mosquée. Seuls les Grecs fidèles à Byzance quittèrent la Palestine. Les chrétiens et les Juifs étaient invités à se joindre à une proclamation connue sous le nom de Pacte d'Omar, *Al-'ouhda al-'oumaria*, qui leur garantissait la liberté de culte et de résidence à Jérusalem.

destruction du Temple et l'exil, comme tu l'as dit, cette terre a toujours eu des habitants juifs. Rabbi Yèhouda ha-Nassi a jeté les bases du judaïsme rabbinique[9] à Yavné, le Talmud de Jérusalem[10] fut écrit à Tibériade et Safed est intimement liée à la Cabbale[11].

Aziza continue : La majorité des Juifs vivaient néanmoins hors de ce pays, en diaspora.

– Mais le lien n'a jamais été rompu, poursuit Raphaël. *Èrèts Yisraël* est resté au cœur de la pensée juive comme aimant puissant, une source d'espoir. En Alsace, par exemple, les Juifs enterraient leurs morts en plaçant sous leur tête un peu de terre d'Israël rapportée par des pèlerins. Le souhait que le peuple juif y retrouve sa souveraineté revient quotidiennement dans la liturgie. Les Juifs de la diaspora y ont cherché refuge et ont voulu y recréer leur État, afin que leur destin ne dépende plus d'une volonté politique extérieure. Il est vrai que, mis à part quelques intellectuels, les Juifs n'ont pas pris la mesure de l'enracinement, ni même de la présence des Palestiniens.

Le Royaume de Jérusalem

La Palestine passa aux mains des Croisés en 1099 et fut nommée Royaume de Jérusalem. Les musulmans et les Juifs furent alors expulsés de Jérusalem. *Salaheddine*, Saladin, reconquit la Palestine en 1187 et invita les Juifs à revenir s'installer à Jérusalem. Les Turcs, ou Ottomans, en prirent possession de 1516 à 1918, date à laquelle Anglais et Français se partagèrent les restes de l'Empire ottoman. La Palestine fut placée sous mandat britannique jusqu'en 1948.

Alexandre exprime son étonnement : Vos regards sur l'histoire de ce pays sont différents, mais vous en parlez sans haine.

– Vous voyez, Alexandre, continue Raphaël, la confrontation existe. C'est une étape indispensable. Toutefois, pour que le dialogue progresse, la capacité d'écouter l'autre est essentielle. Grâce au travail que nous avons entrepris, mon regard sur l'histoire du peuple palestinien a changé. Je me demande s'il en est de même pour Aziza.

– Bien sûr, je suis touchée par cette quête du peuple juif et cette volonté de forger son destin telles que tu me les as décrites. Cette même volonté, je la retrouve chez les Palestiniens qui ne renoncent pas à l'espoir d'avoir un pays indépendant.

Je pense à haute voix : Deux peuples, deux États, ce principe est admis par tous ceux qui cherchent une issue pacifique et honorable à ce conflit.

– Un principe qui était déjà évoqué avant 1948, m'indique Aziza. À propos Raphaël, sais-tu qui a dit qu'il faut reconnaître qu'*un grand nombre d'Arabes ont vécu en Palestine pendant des siècles, que leurs pères et leurs ancêtres y sont nés et y sont morts, que la Palestine est leur pays, et qu'ils veulent continuer d'y vivre*[12] ?

– Je reconnais là une pensée telle qu'aurait pu l'exprimer Martin Buber[13].

– Eh non, c'est David Ben Gourion, celui qui a mené Israël à son indépendance, dans une lettre adressée à Buber. Si l'histoire des deux peuples est différente, les origines sont sans doute plus mêlées qu'on ne l'imagine, et peut-être y a-t-il plus de proximités entre les deux mouvements nationalistes qu'il ne semble…

J'interviens, ne comprenant pas le sens de cette remarque : Qu'entendez-vous par là ?

– Les mouvements nationalistes européens, qui ont donné naissance aux États nations modernes, sont issus de la Révolution française et du Romantisme, me répond Aziza. Le sionisme est un mouvement politique du même type.

– Tout comme le panarabisme, poursuit Raphaël.

– J'ai d'ailleurs l'impression que ces mouvements se nourrissent de leur radicalisme respectif, ajoute Alexandre.

Je décide alors de poser une question faussement naïve : N'y aurait-il pas un aspect religieux derrière ces mouvements nationalistes ? Comment situez-vous les Juifs qui ne sont plus croyants ?

Raphaël : Les Juifs ont conscience d'eux-mêmes comme d'un peuple. Peut-être sommes-nous les derniers dinosaures de l'Antiquité !

– Dinosaures ?! s'exclame Aziza. Où vas-tu chercher cela ?

– Ce lien avec notre Dieu, nous l'avons conservé depuis des siècles. Ce Dieu d'Israël a une particularité : Il exige une pratique qui recouvre tous les aspects de la vie des Juifs, mais Son message messianique est universel. C'est ainsi que même ceux qui se sont éloignés de la pratique religieuse ont pu garder un sentiment d'appartenance très fort à travers l'histoire, la culture, les traditions familiales ou des engagements politiques.

– Je comprends mieux, Raphaël, lui dis-je, car moi qui ai rompu avec la pratique religieuse de mon enfance, je ne ressens plus aucun lien avec le monde catholique. Et vous Aziza, pourriez-vous définir les termes *arabe, musulman, islamique* et *islamiste*, qui sont si souvent utilisés pour parler de l'actualité ?

– Il est simple de distinguer leur sens respectif, m'indique Aziza. Il y a un peuple arabe qui est uni par des origines ethniques et par la langue arabe. Qu'ils soient tunisiens, irakiens ou palestiniens, ces peuples sont tous arabes à l'origine, d'où l'idée du nationalisme, qui est l'idéal de l'union de tous ces peuples.

– Mais tous ces peuples ne sont pas entièrement musulmans ? demande Alexandre.

Et je reprends : Comment situez-vous les Arabes qui ne se reconnaissent pas dans l'islam ?

– L'islam est porté par la langue arabe. En revanche, son message est également universel et va à l'encontre d'un nationalisme étriqué. *Islamique* est un adjectif uniquement lié à l'islam ; on parle d'art, de philosophie ou de traditions islamiques. De son côté, l'islamisme est un courant de pensée politique et sociale fondé sur les valeurs fondamentales de l'islam. Ce qui me révolte, c'est l'utilisation abusive de ces termes par les médias, de manière à créer la confusion dans les esprits : *tout Arabe est musulman, tout musulman est islamiste et tous ceux-là sont terroristes* !

– Aziza, tu exagères, la reprend Raphaël. Ceux qui pensent ainsi ont des idées préconçues sur les Arabes ou les musulmans. De là à dire que c'est le discours des médias…

– Bien sûr, j'exagère un peu. Mais tout est tellement simplifié ; d'ailleurs, tu m'en as fait la remarque à propos de la façon dont la presse parle d'Israël.

– Vous avez parlé de terrorisme, intervient Alexandre. Je souhaiterais savoir si Raphaël et vous avez une définition commune à ce terme ?

– C'est un mot lourd de sens, qui est au cœur du combat idéologique et politique actuel, commence Aziza. Je réagis à ce terme en affirmant mon refus de la violence aveugle comme arme de lutte.

Une terre, deux noms

Ce que les Juifs nomment *Èrèts Yisraël* correspond à ce que les Arabes nomment *Falastine*. C'est sur cette terre que depuis 1948 existe l'État d'Israël, *Mèdinate Yisraël*, et que les Palestiniens souhaitent créer leur propre État, *Dawlat Falastin*.

– En somme, il nous faut garder la ligne de conduite que nous avons exposée aux élèves. Ne soyons pas naïfs, la guerre existe et nous le regrettons. Mais le respect de la vie humaine et des droits fondamentaux est irrévocable.

Je confirme et j'ajoute : Nous avons vu l'essentiel de ce que nous voulions aborder avec vous, mais avant de terminer, je voudrais connaître votre opinion sur l'issue du conflit entre Israéliens et Palestiniens.

– En tant que femme musulmane, arabe et citoyenne française, je tiens à exprimer mon attachement à Jérusalem et au droit des Palestiniens à avoir un État indépendant et reconnu. Seulement, je dois reconnaître qu'il faut s'en tenir au droit international et désacraliser ce conflit pour pouvoir s'en sortir.

– Comme homme juif et français, je me sens profondément concerné par Israël et par Jérusalem. Alors que je n'y vis pas, je ne m'y suis jamais senti étranger. La lecture que je fais du défi posé par cette tragédie qui se joue entre Israéliens et Palestiniens est la suivante : Vivre l'un à côté de l'autre, mais ni l'un aux dépens de l'autre, ni l'un sans l'autre.

Aziza poursuit : Si ce défi était relevé, ce serait une grande avancée dans les relations entre les peuples, au-delà même du Moyen-Orient.

Et Raphaël de conclure : Restons fidèles à l'enseignement de notre ancêtre Avraham et observons *Tsèdaqa ou-Michpate*, Équité et Justice[14].

Je suis touchée par cet enseignement que j'interprète ainsi : Rester soi-même et s'engager pour l'autre. Ne serait-ce pas la voie de la paix ?

Notes

1. Cf. Ibn Khatheer, *Qasas Al-Anbiya', Les histoires des prophètes*, Dar Al-fikr, réédition de 1996.
2. Cf. Daniel Sibony, *Proche-Orient, psychanalyse d'un conflit*, Seuil, 2003.
3. L'image d'Ismaël comme un âne sauvage (onagre) se trouve dans Genèse, chapitre 16, verset 12. La comparaison de personnages à des animaux, avec lesquels ils partageraient des traits de caractère, est fréquente dans le texte biblique. L'onagre évoque le caractère libre et irréductible des habitants du désert et ne mentionne pas l'aspcct spirituel de la transmission du message d'Abraham à travers les descendants d'Ismaël.
4. *Puits de guerre, sources de paix – affrontements monothéistes*, Armand Abécassis, Seuil, 2003 p. 39 : YHWH a besoin du témoignage de (la) descendance (d'Abraham) aussi, pour faire passer son projet dans l'histoire.
5. Terme arabe qui signifie « membre de *Ahl al-dhimma* », c'est-à-dire les groupes non musulmans protégés par la loi islamique et vivant en terre d'islam.

6. Mohamed-Chérif Ferjani, « Islam et valeurs républicaines », in *Projet*, automne 1992, numéro spécial. « Musulmans en Terre d'Europe », p. 76.

7. Massacre de 250 habitants du village de Deir Yassine par des membres de groupes armés juifs, le 9 avril 1948, pendant les combats pour le contrôle des accès à Jérusalem.

8. *Falastîn, ardhan wa-cha'âban wa-qaziyah*, *Palestine, terre, peuple et cause*, livre d'histoire pour élèves du collège, Administration de l'éducation de l'OLP, éd. Organisation arabe pour l'éducation, la culture et les sciences, Tunis, 1983.

9. Le judaïsme rabbinique organise le culte autour de l'enseignement des rabbins. La synagogue et le foyer familial y remplacent le Temple, détruit par l'empereur romain Titus en 70 après Jésus-Christ. C'est le judaïsme que nous connaissons actuellement.

10. *Talmoud*, c'est-à-dire *Étude*, ensemble des textes de la loi orale, mis par écrit en deux versions différentes : Talmud de Jérusalem (IIIe siècle) et Talmud de Babylone (Ve siècle).

11. *Qabbalah*, littéralement *réception* ou *accueil*, recueil de textes de la mystique juive, dont les origines remontent au XIIIe siècle en Provence, Languedoc et Espagne, puis s'est développé au XVIe siècle à Safed, en Galilée. Il est intéressant de noter que le mot *cabbale* a pris en français le sens négatif d'*intrigue*, tout comme le mot *chabbath*, qui a été lié à la pratique de la sorcellerie avec le *sabbat* des sorcières. Ces deux exemples sont symptomatiques d'une vision dévalorisante du judaïsme.

12. *Une terre et deux peuples*, Martin Buber, éd. Lieu Commun, 1985, p. 15.

13. Martin Buber, né à Vienne en 1878, mort à Jérusalem en 1965, était pr fesseur de philosophie sociale et auteur de nombreux ouvrages sur différents aspects du judaïsme et de l'histoire juive.

14. Genèse, chapitre 18, verset 19 : *Si J'ai distingué (Abraham), c'est pour qu'il prescrive à ses enfants et à sa maison après lui d'observer la voie de Dieu en pratiquant l'Équité et la Justice.*

Postface

– Mehrézia, lorsque je t'ai proposé d'écrire ce livre, je n'imaginais pas qu'une amitié verrait le jour entre nous. Tu es musulmane et je suis juif, tu es une femme et je suis un homme, tu es déléguée d'une association de parents d'élèves et je suis directeur d'école, bref, nous avions quelques raisons de ne pas nous comprendre ! Mais ces barrières, que beaucoup pensent infranchissables, n'ont pas résisté. Je sais maintenant que rien n'est impossible si le cœur y est, si les ambiguïtés sont levées, si nous savons tracer des chemins de rencontre.

– Laurent, au début je pensais que ta proposition d'écrire un livre n'était qu'un vœu pieux. Nos premières discussions sur le conflit israélo-palestinien, son impact sur notre société et sur l'histoire judéo-musulmane, n'étaient pas faciles. Nos lectures respectives des mêmes événements historiques étaient si contradictoires, comme si l'un de nous vivait d'un côté du miroir et l'autre du côté opposé. Mais (il y a toujours un « mais » avec moi !) le projet a vu le jour grâce à l'école ! Oui, c'est à l'école que les liens de confiance se sont tissés entre nous. Nous avions déjà appris à nous écouter et à dialoguer pour le bien des élèves. Pour le livre, nous n'avions qu'à continuer…

– Oui, nous avons eu de longues discussions avant de commencer à rédiger notre texte. C'était indispensable pour surmonter nos réticences – je me souviens de la manière dont tu m'as dit : *avec le sionisme, j'ai du mal !* – et pour trouver un langage commun. Mais langage commun ne veut pas dire renoncement à nos idéaux, à cette part irréductible qui fait de nous ce que nous sommes.

– Moi aussi, je me souviens de la façon dont tu as exprimé ton indignation devant l'image des Juifs véhiculée par un certain discours arabe ! Nous étions bien repartis pour refaire la guerre des religions ! Pour moi, contribuer à la création de ce langage commun ne signifie pas renoncer à mes convictions ou à ma solidarité avec une cause que je juge juste, mais tout simplement faire de la place aux convictions ou à la solidarité de l'autre, car c'est le seul moyen de sortir de l'impasse, ensemble !

– Nos familles ont été un soutien précieux. Nos conjoints nous ont épaulés, nos enfants nous ont poussés à aller de l'avant.

– En fait, ce livre a été l'occasion de la rencontre de nos deux familles ! L'encouragement de Slah, mon mari, m'a aidée à accepter le défi d'écrire sur ce sujet délicat ; les remarques de Mickie, ta femme, et celles de nos enfants, Fabien, Farah, Jonathan, Inès et Bassim, nous ont été vraiment utiles, car ils connaissent l'école comme professeure et comme élèves !

– J'espère que nous saurons poursuivre ce dialogue et garder précieusement ces liens qui nous unissent.

– Il faut le faire même si l'actualité, si chargée d'événements violents et tragiques, nous rappelle sans cesse que la logique de l'affrontement semble l'emporter sur le dialogue.

Liste des encadrés

Table des matières

Composition : Compo-Méca sarl
64990 MOUGUERRE

Achevé d'imprimer par Normandie Roto Impression s.a.s.
61250 Lonrai
N° d'éditeur : 5671 – N° fab : 5773 – N° d'imprimeur : 80327
Dépôt légal : octobre 2004
Imprimé en France